AF569735

Plauderei an der Thüringer Kaffeetafel

Gudrun Dietze

Plauderei an der Thüringer Kaffeetafel

Neue Rezepte & Geschichten

BuchVerlag
für die Frau

Alle Rezepte sind für 4 Personen gedacht,
die Backhitze meint Ober- und Unterhitze.

Einbandfoto: Quark-Birnen-Torte
(Rezept Seite 16)

Foto Seite 2:
① Gefüllter Mandelkuchen mit Schokogitter
② Marzipan-Nougat-Kuchen
③ Mutter(s)kuchen
④ Pfirsichkuchen mit Mandeldecke
⑤ Quittenkuchen

ISBN 978-3-89798-344-1

2. Auflage 2012

Rezepte und Zubereitung der Speisen:
Gudrun Dietze
Foto-Styling, Gesamtgestaltung,
Satz: Lore Jacobi, Jesewitz
Fotos: Uwe Hämsch, Schöna
Gesamtherstellung: Sachsendruck Plauen GmbH

Printed in Germany

www.buchverlag-fuer-die-frau.de

Inhalt

Vorwort

Als 1991 Gudrun Dietze dem Verlag die 69 Rezepte von Thüringer Festtagskuchen für ihr erstes, 1993 erschienenes Buch zuschickte, war es der Autorin ein großes Anliegen, gerade in diesen Umbruchzeiten die wunderbare Thüringer Backtradition vor dem Vergessen zu bewahren. Als ihr drittes Buch „Feines Gebäck" zwei Jahre später erschien, meinte die Thüringer Backfrau: „Nun ist alles gesagt!" Doch weit gefehlt. Auf Wunsch der begeisterten Leser machten sich Autorin und Verlag an weitere, nun kombinierte Back- und Kochbücher.

Gudrun Dietzes Thüringer Küchenbibliothek ist inzwischen auf zehn gehaltvolle, weithin – sogar über die deutschen Landesgrenzen hinaus – beliebte und verbreitete Rezeptbücher angewachsen. Und zu sagen ist über die Thüringer Backkunst immer noch mehr, wie dieses nun elfte Buch zeigt. Fast 600 gelingsichere Rezepte in guter Thüringer Küchentradition liegen jetzt vor. Diesmal hat die Autorin bei den Backrezepten besonderen Wert auf gesundes Genießen gelegt – alles ganz köstlich im Geschmack!

Da viele Leserinnen und Leser gern Näheres über Gudrun Dietze erfahren möchten, lässt die Thüringer Backfrau nun erstmals ins Private schauen. Sie hat Kindheitserinnerungen und Familiengeschichten aufgeschrieben – entstanden ist ein beeindruckend lebendiges Bild bäuerlicher Traditionen und dörflichen Lebens in Thüringen von 1900 bis in die 1950er Jahre.

Aus traditionsreicher, heimatverbundener Bauernfamilie stammend, ist Gudrun Dietze mit den – oft sehr strengen – Standesregeln groß geworden

Gudrun Dietze stellt in der Müllerschen Buchhandlung Rudolstadt 2006 ihr Buch „Leichte Torten" vor

und weiß, was hartes Tagewerk auf einem Hof bedeutet. In ihren heiteren oder ernsten, immer sehr anschaulich und treffend erzählten Episoden werden sie lebendig: der bucklige Fritz, die neugierige Dorfschneiderin, die Tante Ella mit dem hitzigen Temperament, die unermüdlich fleißige Mutter, der forsche Großvater … Hier erleben wir Freude und Trauer, Feste und Feiern, Turbulenz, aber auch Geborgenheit in einer Großfamilie. Das alles bildhaft erzählt – man hört Gudrun Dietze geradezu sprechen – und aufgeschrieben, damit Familien- und Dorfgeschichte nicht vergessen wird.

Viel Freude beim Lesen und Genießen!
Ihr BuchVerlag für die Frau

Konfitüren und Marmeladen

Pflaumenmarmelade

1500 g entsteinte Pflaumen,
500 g Gelierzucker 3:1,
1 TL Zitronensäure oder Saft von 2-3 frischen Zitronen,
1/2 Päckchen Pfefferkuchen- oder Pflaumenmusgewürz

Die entsteinten Pflaumen etwas kochen lassen, dann mit dem Pürierstab oder Kloßstampfer ein wenig zerkleinern. Erkaltet die Gewürze, Zitronensäure (oder Zitronensaft von 2-3 Zitronen) mit dem Gelierzucker verrühren und nach Vorschrift zur Marmelade (Konfitüre) einkochen.

Tipp

Schwarze Johannisbeeren geben jeder Marmelade/ Konfitüre einen kräftigen Geschmack und eine schöne rote Farbe, die auch nicht verblasst.

Mehrfruchtkonfitüre

600 g rote Johannisbeeren,
500 g Himbeeren,
500 g dunkle weiche Süßkirschen,
100 g schwarze Johannisbeeren,
Zitronensäure oder -saft,
500 g Gelierzucker 3:1

600 g Johannisbeeren kurz aufkochen und durch ein Sieb streichen. 400 g bleiben übrig, diese Masse mit Himbeeren und schwarzen Johannisbeeren mischen, dann mit den entsteinten und etwas zerkleinerten Süßkirschen, dem Gelierzucker und Zitronensaft vermischen. Nach Vorschrift zur Konfitüre einkochen und in sterile Gläser abfüllen.

Mehrfruchtmarmelade

300 g schwarze Johannisbeeren,
500 g rote Johannisbeeren,
500 g entsteinte Sauerkirschen,
400 g Erdbeeren,
Saft von 1 Zitrone,
500 g Gelierzucker 3:1

Schwarze und rote Johannisbeeren zu einem Brei kochen. Durch ein Sieb streichen, es bleiben ca. 600 g übrig. Sauerkirschen und Erdbeeren etwas zerdrücken, mit dem Zitronensaft untermischen und mit dem Gelierzucker nach Vorschrift zu Konfitüre kochen.

Himbeerkonfitüre

200 g schwarze Johannisbeeren,
800 g rote Johannisbeeren,
800 g schöne Himbeeren,
Saft von 1 Zitrone,
500 g Gelierzucker 3:1

Die roten Johannisbeeren kurz aufkochen. Durch ein Sieb streichen, es bleiben ca. 500 g übrig. Diesen Fruchtbrei mit Himbeeren und wenigen schwarzen Johannisbeeren vermischen. Zitronensaft und Gelierzucker zufügen und nach Vorschrift zu Konfitüre kochen.

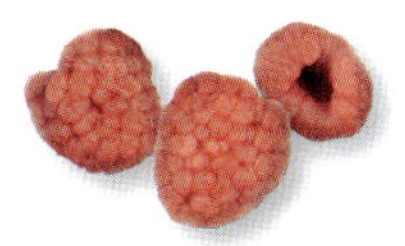

Tipp

Mit Gelierzucker 3:1 hergestellte Marmeladen und Konfitüren nach Bedarf 1-2 Minuten länger kochen, damit sie nicht zu flüssig werden.

Sauerkirschkonfitüre

1000 g entsteinte Sauerkirschen,
Saft 1/2 Zitrone,
500 g Gelierzucker 2:1

Sehr saftige Kirschen kurz aufkochen und 1/2 bis 1 Tasse Saft abnehmen, damit die Konfitüre nicht zu flüssig wird. Nun mit Gelierzucker und Zitronensaft nach Vorschrift einkochen. Die Konfitüre vor dem Abfüllen in die Gläser mit einem kräftigen Schuss Rum verfeinern.

Quittengelee

1,2 kg Quitten,
300 ml Orangensaft,
200 ml Wasser,
500 g Gelierzucker 2:1,
2-3 EL Rum,
1 Päckchen Vanillezucker

Die gewaschenen Quitten nur auskratzen und die Kerne entfernen. Große Quitten vierteln und kleine halbieren, mit Orangensaft und Wasser 40 Minuten köcheln. Abgießen, evtl. etwas nachdrücken. Es sollen 800 bis 900 g Masse entstehen. Die Fruchtmasse mit Gelierzucker, Vanillezucker und Rum 3-4 Minuten sprudelnd kochen. Dann in saubere Twist-Off-Gläser füllen und gut verschließen.

Johannisbeergelee

1,3 kg rote Johannisbeeren,
500 g Gelierzucker 2:1

Die Johannisbeeren in einem Topf mit 3-4 Esslöffeln Wasser langsam Saft ziehen lassen, kurz aufkochen. Durch die flotte Lotte drehen oder auf einem Sieb leicht andrücken. Es soll 1 kg Fruchtsaft entstehen. Nach Vorschrift mit dem Gelierzucker kochen und in Gläser abfüllen.
Dieses Gelee eignet sich sehr gut zum Füllen von Plätzchen oder Kuchen.

Tipp

Für ein ganz klares Gelee die gekochte Masse in einem Kloßsack über Nacht abtropfen lassen und Saft auffangen. Zum Gelee 2:1 dann 800 ml Saft nehmen.

Kuchen und Torten

Weintraubentorte „Kerstin“

(für eine Springform 28 cm Ø)

Teig:
2 Eier, 2 EL heißes Wasser,
70 g Zucker,
50 g Speisestärke,
70 g Mehl,
1 TL Backpulver,
500 g grüne Weintrauben oder Stachelbeeren,
1 Päckchen Götterspeise Waldmeister,
1/2 l Milch,
1 Päckchen Puddingpulver Sahnegeschmack,
1 geh. EL Zucker

Eier mit Wasser kurz verschlagen und mit Zucker dickcremig schlagen. Mehl, Speisestärke und Backpulver langsam und nur kurz auf zwei mal vorsichtig unterschlagen. In einer Springform backen.
In der Form erkalten lassen und einen kurz abgekühlten Pudding auf den gebackenen Teig streichen. Die sauberen, gut abgetropften Weinbeeren dicht darauf verteilen. (Wird der Pudding erst kalt, halten die Beeren nicht und kullern vom Pudding!)
Die Götterspeise kurz vor Gelierbeginn auf die völlig erkaltete Torte geben.

Backzeit: 15-20 Minuten
Backhitze: 180 °C

Eine sehr erfrischende, leichte Torte, die sich kühl gestellt bis zu einer Woche frisch hält.

Pfirsich-Marzipan-Torte

Teig:
50 g Zucker,
75 g Margarine,
150-200 g Mehl,
1 kleines Ei, Salz,
abgeriebene Zitronenschale,
1/2 TL Backpulver
Belag:
250 ml Milch, 1 geh. EL Zucker,
reichlich 1/2 Päckchen Vanillepuddingpulver,
1 Eigelb, Salz,
100 g Rohmarzipan,
1 Dose Tortenpfirsiche,
250 ml Pfirsichsaft,
1/2 Päckchen Götterspeise Aprikosengeschmack

Die Teigzutaten verkneten und rund ausrollen. Eine Tarteform mit Zacken darüber stülpen und ausschneiden. Den Teigboden vorsichtig in eine gefettete, mit Grieß ausgestreute Tarteform umheben, den Rand leicht andrücken und backen.
Milch mit Zucker, Puddingpulver, Eigelb und 1 Prise Salz verquirlen und aufkochen lassen. Nun die Marzipanrohmasse zugeben und alles glatt rühren. Dann auf den gezackten Boden geben und die Pfirsichscheiben kranzförmig darauf legen. Mit einem Guss aus Götterspeisenpulver und Pfirsichsaft überglänzen.

Backzeit: 10-15 Minuten
Backhitze: 180 °C

Noch schöner sieht die Torte aus, wenn man einige Johannisbeeren oder Korinthen darüber streut. Schlagsahne dazu reichen.

vorn: Weintraubentorte „Kerstin"
hinten: Pfirsich-Marzipan-Torte

Mandeltorte

125 g Dinkelmehl Type 630,
200 g gemahlene Mandeln,
2 TL Backpulver,
100 g Margarine,
200 g Zucker,
3 Eier,
200 ml Schmand oder saure Sahne

Alle Zutaten in eine Schüssel geben und mit dem Rührgerät glatt rühren. In einer 26er Springform backen. Erkaltet mit etwas Staubzucker besieben.

Backzeit: 40-50 Minuten
Backhitze: 160-180 °C

Wunderbar saftige Torte, die sich aber erst am 2. oder 3. Tag schneiden lässt.

Schoko-Marzipan-Torte

(für eine Springform 26 cm Ø oder als halben Kuchen backen)

Teig:
3 Eier, 100 ml Öl,
125 ml Milch,
50 g Zucker,
40 g Kakao,
80 g Dinkelmehl Type 630,
1 Pck. Backpulver
Belag:
1 geh. EL Aprikosenkonfitüre,
200 g Rohmarzipan, 4 EL Rum,
50 g Bitterschokoladenkuvertüre,
2 TL Öl, 1 TL Hartfett,
evtl. 200 g Schlagsahne

Alle Teigzutaten in einer Schüssel mit dem Rührgerät zu einem glatten Teig schlagen. In eine Springform (26 cm Ø) füllen und backen. Den erkalteten Boden dünn mit Aprikosenkonfitüre bestreichen. Marzipan in kleine Stücke reißen, mit Rum leicht erwärmen und kurz durchkneten. Auf die Konfitüre streichen. Kuvertüre, Hartfett und Öl im Wasserbad bei schwacher Hitze zerlassen und mit dem Pinsel auf der Marzipanschicht verteilen. Kann mit Sahne garniert werden.

Backzeit: 50-60 Minuten
Backhitze: 170-180 °C

Eine feine Festtagstorte.

Mandarinentorte

Teig:
2 Eier,
1 EL Wasser,
80 g Zucker,
100 g Mehl,
20 g Speisestärke,
1/2 TL Backpulver
Belag:
200 ml Schlagsahne,
150 ml Joghurt,
2 EL Quick-Orange-Getränkepulver,
2-3 Päckchen Sahnesteif,
1 Dose Mandarinen,
Schokoraspeln

Eier mit heißem Wasser cremig schlagen, den Zucker unterschlagen. Mehl, Speisestärke und Backpulver unterrühren und alles in eine nur am Boden gefettete Springform (Ø 26 cm) geben oder in einer Fruchttortenform backen.
Die Zutaten für den Belag (außer Mandarinen und Schokoraspeln) in einer Schüssel mit dem Handrührgerät zu einer stabilen Creme schlagen. Auf den erkalteten Boden streichen und mit Mandarinen und Schokoraspeln garnieren.

Backzeit: 15-20 Minuten
Backhitze: 180-200 °C

Das war zu DDR-Zeiten eine sehr beliebte, damals aber kostspielige Torte. Sahne und Schokolade waren teuer, Mandarinen und Quick-Getränkepulver gab es nur im Delikatgeschäft. Eine schnelle Torte, die sehr gut ankommt.

Kaffeetafel bei Gudrun Dietze zu Hause …

Quark-Birnen-Torte

Teig:
175 g Dinkelmehl Type 630,
1 TL Backpulver,
50 g Zucker,
75 g Margarine,
1 Ei
Belag:
500 g geschälte Birnenviertel,
2 EL Aprikosenmarmelade,
500 g Magerquark,
250 g Quark 20 %,
3 Eier,
2-3 EL Zucker,
1 Pck. Vanillepuddingpulver,
200 ml saure Sahne 10%,
75 ml Öl,
100 ml Milch

Alle Teigzutaten miteinander verrühren und verkneten. Auf einem Tortenblech 26 cm Ø ausrollen. Mit Aprikosenmarmelade bestreichen und die geviertelten Birnen nebeneinander auflegen. Quark mit Eiern und Zucker vermischen. Puddingpulver, Öl, saure Sahne und Milch dazugeben und alles gut verschlagen. Über den Birnen verteilen. Glatt streichen, backen, bis die Oberschicht etwas gebräunt ist.

Backzeit: 50-60 Minuten
Backhitze: 160-180 °C

Tipp

Bestreicht man die Oberfläche der erkalteten Torte mit zerlassener, fast erkalteter Butter, trocknet die Torte nicht so schnell aus und hält sich mehrere Tage. Vor dem Auftragen dünn mit Puderzucker bestäuben.
Mit Birnen aus der Konserve geht alles schneller; frische harte Birnen vor dem Verarbeiten etwas weich dünsten.

Pflaumentorte mit frischen Pflaumen

(für eine Springform 26 cm Ø)

Teig:
1 Ei, 50 g Zucker, 70 g Margarine,
175 g Dinkelmehl Type 630,
1 TL Backpulver
Belag:
800 g entsteinte Pflaumen
Streusel:
50 g Zucker, 50 g Butter,
80 g Mehl, 1 Päckchen Vanillezucker,
1/2 TL Zimt

Von Ei bis Backpulver alle Zutaten in einer Schüssel verrühren und verkneten. In einer 26er Springform ausrollen und einen Rand andrücken. Die Streuselzutaten miteinander verkneten. Die Pflaumen halbieren und ganz dicht dachziegelartig ringsum bis zur Mitte auflegen. Die Streusel darüber geben und backen.

Backzeit: 30 Minuten
Backhitze: 180 °C

Pflaumentorte mit eingeweckten Früchten

(für eine Springform 26 cm Ø)

Teig:
100 g Margarine,
100 g Zucker,
2 Eier,
125 g Mehl,
1 TL Backpulver,
Belag:
1 großes Glas Pflaumen,
400 ml Pflaumensaft oder Wasser,
1 Päckchen Gelatine

Margarine, Zucker und Eier cremig schlagen. Mehl mit Backpulver unterrühren. Teig in eine 26er Springform streichen und backen. Auf dem erkalteten Boden die gut abgetropften halben Pflaumen verteilen. Saft aufheben. Pflaumensaft oder Wasser erhitzen, die gut aufgelöste Gelatine damit verrühren. Kurz vor Gelierbeginn über den Pflaumen verteilen.

Backzeit: 10-15 Minuten
Backhitze: 200 °C

Das war in alten Zeiten eine gute Rockenstubentorte, denn im Winter gab es Obst nur in Konserven. Wer den Kuchen üppiger mag, kann noch Schlagsahne dazu reichen.

Wallis Johannisbeer-kuchen

(für eine Springform 26 cm Ø oder 1/2 großes Kuchenblech)

Teig:
200 g Dinkelmehl Type 630,
75-100 g Margarine,
75 g Zucker,
Salz, 1 Eigelb,
75 ml Milch,
15 g Hefe,
600 g frische oder gefrostete Johannisbeeren
Dekoration:
Buttercreme oder süße Sahne,
Kakaopulver oder Schokoraspeln

Aus den Zutaten von Mehl bis Hefe einen guten Hefeteig bereiten, auf einem halben Blech oder in einer Springform ausrollen und dick mit Johannisbeeren bestreuen. Backen.
Buttercreme oder Schlagsahne gut gesüßt nach Wunsch darüber verteilen, glatt streichen und mit Kakao oder Schokoraspeln vor dem Auftragen bestreuen. Die Menge von Creme oder Sahne probiert jeder selbst.

Backzeit: 20-25 Minuten
Backhitze: 180 °C

Baumkuchen

(18 cm Ø)

100 g Butter,
100 g Zucker,
4 Eigelb,
2 EL Milch,
80 g Speisestärke,
20 g Mehl,
1 Päckchen Vanillezucker,
1 Prise Salz,
1/4 TL Backpulver,
4 Eiweiß

Weiche Butter mit Zucker cremig schlagen. Eigelb und Milch nach und nach verrührt zugeben. Mehl auf zwei Mal unterschlagen. Eiweiß mit Vanillezucker steif schlagen und 1/3 davon mit dem Teig vermischen. Rest Eiweiß vorsichtig mit Holzlöffel oder Geizhals unterziehen. Es darf kein Eiweiß mehr zu sehen sein. Einen Schöpflöffel Teig auf ein gefettetes Tortenblech streichen, ca. 4-5 Minuten hellbraun backen. Den zweiten Schöpflöffel Teig über den gebackenen Teig streichen und wieder 4-5 Minuten backen. So fortfahren, bis der Teig aufgebraucht ist (ca. 6 bis 8 Schichten). Dabei die Tortenform immer etwas höher stellen, damit die unterste Schicht nicht verbrennt.
Die Baumkuchentorte mit einem Schokoguss nach bekannter Art vollständig einhüllen.

Backhitze: 180 °C
Backzeit: jede Schicht ca. 4-5 Minuten

Früher, als die Tortenböden noch im Kohleherd gebacken wurden, regelte man das Ganze mit Ziegelsteinen, die in der Ofenröhre immer höher gestellt wurden. Bei besonderen Anlässen stand auch die in Scheibchen geschnittene Baumkuchentorte mit auf der Kaffeetafel – sie hält sich längere Zeit frisch.

Für die Nichtthüringer: Ein Geizhals ist ein biegsames Gerät aus Weichplaste, ca. 8 x 5 cm mit einem 15 cm langen Stiel. Der Küchenhelfer wurde erfunden, um die Thüringer Männer zu ärgern, die um Schüsseln und Töpfe schlichen und die süßen Belagreste daraus naschten. Der Geizhals machte Schluss mit dem sogenannten „Schüsselauslecken", denn er holt noch den letzten Rest Teig aus jeder Backschüssel. Man benutzt den Teigschaber auch, um Schlagsahne oder Eischnee vorsichtig unter lockere Teige und Cremes zu heben.

Apfelkuchen alt-bäuerliche Art

(für eine Springform 26 cm Ø oder ein kleines Kuchenblech 25x25 cm)

125 g Dinkelmehl Type 630,
75 g Butter oder Margarine,
50 g Zucker,
1 Ei, 1 TL Backpulver,
500-600 g Apfelspalten,
3 EL Zitronensaft, 1 EL Zucker,
50 g Rosinen,
700 ml Milch, 2 EL Zucker,
1 Pck. Vanillepuddingpulver,
1 Pck. Soßenpulver

Von Mehl bis Backpulver alles miteinander verrühren und verkneten. Den ziemlich weichen Teig mit bemehlten Händen in eine Springform geben oder auf ein Blech drücken und mit dem Rollholz in Form bringen. Apfelspalten mit wenig Wasser, Zitronensaft und Zucker ziemlich weich dämpfen und gut abgetropft auf dem Teig verteilen. Rosinen darüber streuen und backen.
Aus Milch, Zucker, Pudding- und Soßenpulver reichlich Pudding kochen und sofort auf den noch heißen Kuchen gießen und breit streichen.

Backzeit: 20-30 Minuten
Backhitze: 180-200 °C

Ein saftiger Sonntagskuchen.

Kirschtorte

(für eine Springform 26 cm Ø)

Teig:
3 Eier, 100 g Zucker,
150 g gemahlene Walnüsse,
2 geh. EL Mehl, 1 TL Backpulver
Belag:
300 g Frischkäse, 3 EL Zitronensaft,
400 ml Schlagsahne,
2 Pck. Sahnesteif,
2 Pck. Vanillezucker,
70 g Staubzucker,
1 Glas Sauerkirschen,
2 Pck. roter Tortenguss

Alle Zutaten für den Tortenboden mit dem Rührgerät gut verrühren, in die Springform geben und backen.
Frischkäse mit Staubzucker und Zitronensaft verrühren und auf den erkalteten Boden streichen. Schlagsahne mit Sahnesteif und Vanillezucker steif schlagen und über den Frischkäse geben. Die gut abgetropften Kirschen darauf verteilen. Kirschabtropfsaft mit Wasser oder rotem Saft auf 500 ml auffüllen, mit dem Tortengusspulver einen Guss nach Vorschrift herstellen und auf der Torte verteilen.

Backzeit: 25-30 Minuten
Backhitze: 175 °C

Quarksahne-Kirschtorte

(für eine Springform 26 cm Ø)

Teig:
4 Eier,
100 g Zucker,
80 g Speisestärke,
80 g Mehl,
50 g Kakao,
1 TL Backpulver,
40 g weiche Butter,
2 EL Wasser
Füllung:
1 1/2 Päckchen Gelatine,
3 EL Zitronensaft,
3 EL Wasser,
500 g Magerquark,
70 g Zucker,
200 ml Schlagsahne,
1 Glas Sauerkirschen,
2 EL Amaretto- oder Kaffeelikör,
reichlich Kakao

Die Eier trennen. Eiweiß mit 50 g Zucker steif schlagen, Schneebesen nicht wechseln, gleich Eigelb mit 50 g Zucker cremig schlagen und die Eiweißmasse unterheben. Speisestärke, Mehl mit Kakao und Backpulver vermischt darüber sieben und unterheben. Die flüssige Butter gleichmäßig unterrühren. Teig in die Form geben und langsam backen.
Den erkalteten Schokoboden am nächsten Tag einmal quer durchschneiden. Gelatine mit warmem Wasser und Zitronensaft auflösen und mit 1 bis 3 Esslöffel Quark verrühren, nun mit dem Zucker zum restlichen Quark geben und flott verrühren. Die geschlagene Sahne unterheben. Die Hälfte dieser Masse mit den gut abgetropften Kirschen vermischen und auf den ersten Boden streichen. Den zweiten Boden darüber legen. Rest Sahnemischung mit dem Likör vermischen und auf die Oberfläche der Torte streichen. Fest werden lassen, dann dick mit Kakao bestäuben.

Backzeit: 30-35 Minuten
Backhitze: 170 °C

Eine ansehnliche, feine Torte.

Gudrun Dietze mit ihrem Mann zur Signierstunde in Crimmitschau

Himbeer-Quarktorte

(für eine Springform 26 oder 28 cm Ø)

Teig:
1 Ei,
50 g Zucker,
100 g Margarine,
175 g Dinkelmehl Type 630,
1/2 TL Backpulver
Belag:
500 g Magerquark,
200 g Schmand,
3 Eier,
75 g Zucker,
1 Päckchen Vanillezucker und abgeriebene Schale von 1/2 Zitrone,
50 g zerlassene Butter,
1 Päckchen Vanillesoßenpulver,
300 g Himbeeren (frisch oder TK),
250 ml roter Saft (Trauben- oder Kirschsaft),
1 Päckchen roter Tortenguss,
1-2 EL Mandelblättchen mit 1 TL Zucker kurz rösten

Alle Zutaten von Ei bis Backpulver verrühren und in einer 26er Springform mit Hilfe von etwas Mehl ausrollen.
Für den Belag Eier mit Zucker verrühren, Quark, Schmand, Soßenpulver, Vanillezucker, Zitronenschale und zerlassene Butter unterrühren. Die Masse auf den kurz vorgebackenen Tortenboden streichen. Die Himbeeren (nicht aufgetaut!) darüber streuen und backen.
Erkaltet einen Tortenguss darüber verteilen. Geröstete Mandelblättchen auf den Rand streuen.

1. Backzeit: 5-10 Minuten
2. Backzeit: 25-30 Minuten
Backhitze: 180 °C

rechts: Himbeer-Quarktorte
links: Mandarinentorte, Rezept S. 15

Sägespäne-Torte

2 Eier,
100 g Zucker,
125 g weiche Margarine oder Butter,
150 g Mehl,
50 g Kakao,
2 EL Milch
1 gestr. TL Backpulver
Belag:
800 ml Milch,
3-4 EL Zucker,
2 Päckchen Vanillepuddingpulver,
150 g Butter,
50-70 g Kokosraspeln,
2-3 EL Zucker

Ein saftiges Schnellgebäck, das auch für Backanfänger gut geeignet ist.

Eier mit Zucker kurz aufschlagen. Alle Zutaten für den Teig auf einmal zugeben und zu einer glatten Masse schlagen. Den Teig in eine gefettete 26er Springform geben, zu den Rändern hin etwas dicker aufstreichen, so bekommt die Torte eine gleichmäßig glatte Oberfläche. Backen.
Für den Belag aus Milch, Zucker und Puddingpulver einen Pudding kochen, die zerschnittene, kalte Butter in den heißen Pudding geben und zu einer glatten Masse schlagen. Auf den abgekühlten Tortenboden streichen. Nun die Kokosraspeln in einer trockenen Pfanne goldgelb rösten, dann den Zucker zugeben und alles unter Rühren hellbraun fertig rösten. Erkaltet auf die Puddingcreme streuen. Diese „Sägespäne“ sollen eine dicke Decke bilden.

Backzeit: 30-35 Minuten
Backhitze: 180 °C

Pfirsichkuchen mit Mandeldecke

Hefeteig für 1 Backblech
Belag:
1-2 Dosen Pfirsiche,
250 g Butter, 2 EL Honig,
100 g Zucker, 2 EL Kaffeesahne,
250 g gehackte Mandeln oder Mandelblättchen,
1 Ei

Wie gewohnt einen Hefeteig herstellen, gehen lassen und auf einem gefetteten Backblech ausrollen und mit dünnen Pfirsichscheiben belegen. Butter zerlassen, Honig, Zucker, Kaffeesahne und Mandelblättchen dazugeben und abgekühlt das Ei unterrühren. Diese Masse über der Pfirsichschicht verteilen und backen.

Backzeit: 25-30 Minuten
Backhitze: 180-200 °C untere Schiene

Apfelmus-Torte

Teig:
300 g Mehl,
1/2 Pck. Backpulver,
1 Ei, 2 EL Milch,
125 g Zucker, 125 g Margarine
Belag (Füllung):
800 g festes, ungesüßtes Apfelmus,
100 g Zucker, 75 g Grieß,
2 Pck. Vanillezucker, 1 TL Zimt,
50-100 g Rumrosinen, Puderzucker

Eine schnelle Torte nach alter Art.

Von Mehl bis Zucker und Margarine einen Mürbteig kneten. 2/3 davon in eine gefettete Springform rollen. Von Apfelmus bis Rosinen alles aufkochen, etwas quellen lassen und auf die Teigplatte streichen. Das letzte Drittel Teig als Decke ausrollen und über das Apfelmus legen. Wenn Teig übrig ist, diesen zum Verzieren benutzen.
Ofen vorheizen, backen. Die erkaltete Torte dünn mit Zuckerguss bestreichen oder mit Puderzucker bestreuen.

Backzeit: 45-50 Minuten
Backhitze: 180-200 °C

Die Torten für das Buch „Leichte Torten und Lieblingsspeisen" vor und nach der Fotoaktion – viel Arbeit für alle Beteiligten.

Frühlingskranz

Teig:
500 g Mehl,
1 Würfel Hefe (42 g),
125 g Zucker,
150 ml Milch 3,5 % oder auch Sahne,
150-200 g Margarine oder Butter
Füllung:
200 g Quittenmarmelade
oder Orangenmarmelade,
je 100 g gehackte und
gemahlene Mandeln,
100 g Korinthen in
2 EL Rum eingeweicht,
100 g getrocknete Aprikosen,
100 ml Sahne,
1 EL Zucker
Guss:
100 g Staubzucker,
Eiweiß,
Zitronensaft,
Zuckerstreusel

Von Mehl bis Margarine wie gewohnt einen Hefeteig herstellen und zu einer Kugel geformt zugedeckt ca. 30 Minuten gehen lassen, bis er schön aufgegangen ist. Nun zu einem Rechteck von ca. 40 x 30 cm ausrollen, mit Marmelade bestreichen. Gemahlene und gehackte Mandeln, die (abgetropften) Rumrosinen, in ganz kleine Würfel geschnittene Trockenaprikosen und Schlagsahne vermischen und mit etwas Zucker abschmecken. Diese Masse auf die Marmelade streichen.
Nun den Teigboden von der Längsseite her aufrollen und zu einem Kranz geformt auf ein Kuchenblech legen. Ringsum den Kranz alle ca. 3 cm einschneiden, damit nach dem Backen auch die Füllung etwas sichtbar wird. Erkaltet kann er mit Staubzucker besiebt oder mit einem frühlingshaften Guss garniert werden.
Für den Guss Staubzucker mit etwas Eiweiß und einem Spritzer Zitronensaft zu einem nicht zu flüssigen Brei rühren. Damit den Kranz teilweise überziehen und mit bunten Zuckerstreuseln bestreuen.

Backzeit: 50-60 Minuten
Backhitze: 180-200 °C

Rührt man unter den Zuckerguss 30-50 g Hartfett, wird der Guss geschmeidiger und bekommt einen seidigen Glanz.

Johannisbeer-Schneekuchen

Teig:
6 Eigelb,
150 g Zucker,
1 Päckchen Vanillezucker,
250 g Margarine,
100 ml Milch,
275 g Mehl
(auch Dinkelmehl Type 630),
3/4 Päckchen Backpulver,
50 g Speisestärke,
abgeriebene Zitronenschale,
750 g Johannisbeeren
(frisch oder TK)
Schnee:
6 Eiweiß,
200 g Zucker,
50 g Staubzucker,
2 EL Speisestärke

Eigelb, Vanillezucker, Zucker und weiche Margarine cremig schlagen. Abwechselnd Milch, Mehl mit Backpulver und Speisestärke vermischt und Zitronenschale unterschlagen. Auf ein gefettetes Blech streichen. Die frischen oder gefrosteten Beeren darüber streuen.
Die Eiweiß langsam ziemlich steif schlagen. Zucker, Staubzucker und Stärke miteinander vermischen und allmählich unterschlagen, bis die Masse steif ist.
Inzwischen den Beerenkuchen vorbacken. Dann die Eischneedecke über den warmen Kuchen verteilen. Ganz dünn mit Staubzucker besieben und den Kuchen auf der oberen Schiene noch ca. 10 Minuten backen, bis der Schnee etwas Farbe hat. Die Kuchenoberfläche kann vor dem Backen mit dem Kamm durchgezogen werden.

1. Backzeit: 15-20 Minuten
2. Backzeit: 10 Minuten
Backhitze: 180-200 °C

Ein feinsäuerlicher Sommerkuchen.

Schwarzer Johannisbeerkuchen

Teig:
100 g Zucker,
100 g Margarine,
2 Eier,
300 g Mehl
(auch Dinkelmehl Type 630),
2 TL Backpulver
Belag:
500 g Quark 20 %,
200 ml saure Sahne 10 %,
2 Eier,
1 EL Speisestärke,
2-3 EL Zucker,
2 Päckchen Vanillepuddingpulver,
2 Päckchen Vanillezucker,
abgeriebene Zitronenschale,
50 g weiche Butter,
1 Päckchen Soßenpulver
500 g schwarze Johannisbeeren
(frisch oder TK)
Decke:
500 g Schmand,
2 Eier,
2 TL Speisestärke,
75-100 g Zucker,
Saft von 1/2 Zitrone

Mit allen Zutaten von Zucker bis Backpulver einen Mürbeteig herstellen. Den Teig auf einem gefetteten Blech ausrollen.
Von Quark bis Soßenpulver alle Zutaten miteinander verrühren und auf den ausgerollten Teig streichen. Die schwarzen Johannisbeeren darüber streuen. Schmand, Eier, Speisestärke, Zucker und Zitronensaft verrühren und auf die Beeren streichen. Die Beeren sollen ein wenig durch die dünne Decke durchschimmern, also nicht vollständig bedeckt sein. Backen.
Vor dem Auftragen dünn mit Staubzucker besieben.

Backzeit: 30-40 Minuten
Backhitze: 180 °C

Ein saftig- würziger Kuchen. Die saftigen Beeren brauchen eine stabile Creme, deshalb zwei Puddingpulver für den Belag nehmen.

Heidelbeer-Quarksahne-Torte

(für eine Springform 26 cm Ø)

Teig:
3 Eier, 2 EL Wasser,
75 g Zucker,
75 g Mehl,
1/2 TL Backpulver,
50 g Speisestärke
Belag:
400 g Magerquark, 1 Eigelb,
75-100 g Zucker,
1 1/2 Päckchen Gelatine,
3 EL Zitronensaft, 5 EL Wasser,
200 ml Schlagsahne,
1 Päckchen Sahnesteif,
1 Päckchen Vanillezucker,
1 Eiweiß, 1 Prise Salz,
2 Gläser Heidelbeeren,
2 Päckchen klarer Tortenguss

Eier mit Wasser kurz verschlagen und mit Zucker zu einer dickcremigen Masse verschlagen. Mehl, Speisestärke und Backpulver kurz unterschlagen. In einer 26er Springform backen.
Quark, Eigelb, Zitronensaft und Zucker verrühren. Gelatine mit wenig Wasser auflösen und mit 3 Esslöffeln Quark gut verrühren, dann alles mit der großen Quarkmasse zügig vermischen. Die mit Sahnesteif und Vanillezucker steif geschlagene Sahne unterziehen. Das mit 1 Prise Salz steif geschlagene Eiweiß ebenfalls unterheben. Auf den Boden streichen, kühl stellen.
Sobald alles fest geworden ist, den Heidelbeerguss darauf geben. Dafür die gut abgetropften Beeren über die Quarkmasse geben und den Tortenguss mit Heidelbeersaft darüber streichen.

Backzeit: 20-25 Minuten
Backhitze: 200 °C

Marzipan-Nougat-Kuchen

Teig:
100 g Zucker,
3 große Eier (ca. 200 g),
200 ml Schlagsahne,
300-350 g Mehl,
3/4 Päckchen Backpulver
Nougatbelag:
400 g fester Nougat,
2 EL Nougatcreme
Marzipanbelag:
400 g Marzipan,
1 EL Rum,
Staubzucker
Creme:
350 ml Milch,
1 Päckchen Puddingpulver Vanillegeschmack,
50 g Butter,
50 g Würfelmargarine

Zucker und Eier dickcremig schlagen, Sahne unterschlagen, Mehl mit Backpulver vermischt zugeben. Teig auf ein Blech streichen und backen. Nougat mit Nougatcreme solange erwärmen, bis es eine streichfähige Masse ist. Auf den erkalteten Kuchen streichen. Etwas fest werden lassen, dann die Marzipandecke darauf geben. Dafür das Marzipan mit Rum verkneten und mit Hilfe von Staubzucker zu einer Platte in Kuchengröße ausrollen, auf die Nougatschicht legen. Etwas andrücken und eine dünne Cremeschicht darüber streichen. Für die Creme einen Pudding kochen, ohne Zucker! Butter und Margarine cremig schlagen und den handwarmen Pudding löffelweise unterschlagen. Die Cremeschicht kann noch mit Schokostreuseln bestreut oder mit dünnen Schokolinien garniert werden.

Backzeit: 15-20 Minuten
Backhitze: 180-200 °C

Ein ganz besonders feiner Festtagskuchen.

Die Marzipandecke über ein Rollholz legen und auf dem Kuchen abrollen.

von oben nach unten:
Schoko-Marzipan-Torte
Quittenkuchen
Marzipan-Nougat-Kuchen
Pfirsichkuchen mit Mandeldecke
Mutter(s)kuchen
Gefüllter Mandelkuchen mit Schokogitter

Quittenkuchen

Teig:
150 g Margarine,
100 g Zucker,
1 Prise Salz,
1-2 kleine Eier,
350 g Dinkelmehl Type 630,
1 geh. TL Backpulver
Belag:
1,2 – 1,4 kg Quitten,
150-200 ml Abtropfsaft,
500 g Orangensaft,
100 g Zucker
Guss:
3 Eier,
Zitronenschale,
100 g Zucker,
200 g weiße gemahlene Mandeln,
200 g Orangeat
evtl. Buttercreme:
200 ml Milch,
1 EL Zucker,
1/2 Päckchen Vanillepuddingpulver,
50 g Butter,
25 g Würfelmargarine

Von Margarine bis Backpulver alle Zutaten miteinander verkneten und auf einem Backblech ausrollen.
Die Quitten gut waschen, halbieren und vom Kernhaus befreien. Es sollen 900-1000 g Früchte übrig bleiben. Diese mit Orangensaft ca. 20 Minuten köcheln. Abgießen und die Quittenhälften in kleine Würfel schneiden. 150-200 ml Abtropfsaft mit 100 g Zucker ca. 2 Minuten kochen. Die Quittenwürfel und das zerkleinerte Orangeat mit dem Zucker-Saftgemisch zu einer sirupähnlichen Masse kochen. Davon 4 Esslöffel wegnehmen und den großen Rest auf den ausgerollten Teig streichen. Eier und Zucker etwas cremig schlagen, die 4 Esslöffel Quittenmasse und die gemahlenen Mandeln unterrühren. Alles über die aufgestrichene Quittenmasse geben und backen. Wer mag verfeinert diesen aromatischen Kuchen noch mit einer dünnen Schicht Buttercreme.

Backzeit: 30-40 Minuten
Backhitze: 160-180 °C

Wer keinen Quittenbaum besitzt, kann im Oktober/November die leuchtend gelben Quitten vom Zierstrauch verwenden.

Stollenkuchen

(für 1 Backblech)

Hefeteig:
450-500 g Dinkel-Kuchenmehl,
1 1/2 Würfel Hefe,
100 g Zucker,
50 ml Öl,
150 g Butter,
100 ml Milch,
300 g Rosinen,
100 g Zitronat,
1 Pck. Vanillezucker,
Salz, Zimt, Bittermandelöl,
abgeriebene Zitronenschale
oder Zitroback
Streuselteig:
150 g Mehl,
100 g Zucker,
70 g Butter

Aus Mehl, Hefe, 1 EL Zucker und etwas lauwarmer Milch wie gewohnt einen Hefeteig bereiten. In der Schüssel zugedeckt ca. 30 Minuten gehen lassen. Dann alle übrigen Zutaten einarbeiten. Danach den Teig auf einem gefetteten Backblech ausrollen. Aus Mehl, Zucker und Butter einen Streuselteig bereiten und in kleinen Streuseln über den Teig krümeln. Nochmals ca. 15 Minuten gehen lassen und dann backen.

Gehzeit: 30 Minuten, 15 Minuten
Backzeit: 20-30 Minuten
Backhitze: 180-200 °C

Tipp

Unter den Teig kann eine grob gehackte halbe Tafel Bitterschokolade gemischt werden.
Statt mit Streuseln zu backen, kann man nach dem Backen den erkalteten Kuchen auch mit reichlich Butter bepinseln und mit Staubzucker bestreuen.

Üppiges Thüringer Kuchenbuffet, von einer backfreudigen Leserin nach Dietze-Rezepten gefertigt und fotografiert.

Kalter Kuchen

200 g kalte Butter,
250 g Mehl,
knapp 1/2 Tasse Schmand,
1/2 Ei,
4 EL Rum,
1 TL Staubzucker,
1 Prise Salz

Das war Großmutters Lieblingsgebäck. Locker und feinblättrig ist es nicht mit dem fertig gekauften Blätterteig vergleichbar.

Die gesamte Buttermenge unter 125 g Mehl pflücken und verkneten. Unter die restlichen 125 g Mehl Schmand, Ei, Rum, Staubzucker und Salz verrühren. Die Butter-Mehl-Masse zugeben und alles kurz verkneten. Ist der Teig zu fest, noch etwas Rum zugeben. Den Teig zu einem Rechteck ausrollen, die schmalen Seiten bis zur Mitte legen, sie treffen zusammen. Nun eine Breitseite darüber legen, als ob man ein Blatt Papier faltet.
Diesen Vorgang 3- bis 4-mal wiederholen, zwischendurch immer kalt stellen. Nun zum letzten Mal ausrollen und so zusammenfalten wie immer. 1-2 Nächte im Kühlschrank ruhen lassen, dann ausrollen und in Vierecke schneiden. Dann backen und in der abgestellten Röhre noch einige Minuten durchbacken lassen. Erkaltet mit Staubzucker bepudern.

1. Backzeit: 20-30 Minuten
Backhitze: 180 °C
2. Backzeit: 10-15 Minuten bei abgestellter Röhre

Ein flaches kleines Töpfchen mit heißem Wasser auf dem Boden der Röhre hilft beim Auftreiben des Gebäcks. Auch durch den Rum „blättert" der Teig besser.

hinten: Kalter Kuchen
vorn: Johannisbeer-Schneekuchen (Rezept S. 30)

Moccatorte

<u>*Tortenboden:*</u>
5 Eier, 2 EL Wasser,
200 g Zucker,
125 g Mehl,
75 g Speisestärke,
1 EL Kaffeepulver,
2 EL Kakao,
1 leicht geh. TL Backpulver
<u>*Füllung:*</u>
1 geh. EL Kaffeepulver,
200 ml Wasser
(= 100 ml Kaffeesud),
500 ml Milch,
2-3 EL Zucker,
1 Päckchen Vanillepuddingpulver,
1 Päckchen Soßenpulver,
1 TL Kakao,
2 TL Kaffeepulver,
150 g Butter,
50 g feste Würfelmargarine,
2 EL Johannisbeergelee,
16 oder 32 Moccabohnen

Eier mit warmem Wasser kurz verschlagen. Nun mit Zucker eine dicke Creme schlagen. Mehl, Speisestärke, Kaffeepulver, Backpulver und Kakao gesiebt auf zwei Mal zugeben und vorsichtig langsam unterschlagen. Den Teig in eine 26er Springform geben und backen.
Den Boden nach 2 Tagen zweimal quer durchschneiden und füllen.
Für die Füllung das Kaffeepulver mit kochendem Wasser überbrühen und etwas ziehen lassen, bis sich der Kaffee gesetzt hat. Nun diesen Sud (100 ml vom Satz abgegossen) mit Milch, Zucker, Pudding- und Soßenpulver zu einem straffen Pudding kochen. Kakao und 2 TL Kaffeepulver in den heißen Pudding rühren. Weiche Butter und Margarine cremig schlagen und den handwarmen Pudding löffelweise unterschlagen.
Auf den untersten Boden eine dünne Schicht Johannisbeergelee streichen, darauf Creme streichen, den zweiten Boden aufsetzen und mit Creme füllen, den dritten Boden aufsetzen. Den Rest der Kaffeecreme auf die Tortenoberfläche (also den dritten Boden) geben und mit den Moccabohnen garnieren.

Backzeit: 40-50 Minuten
Backhitze: 170 °C

Lillifee-Schnitten

<u>Teig:</u>
4 Eier, 100 g Zucker,
50 g Margarine,
100 g Mehl,
50 g Speisestärke,
1 TL Backpulver
<u>Füllung:</u>
300 g Himbeeren oder
Erdbeeren (TK oder frisch),
75-100 ml Wasser,
1 Päckchen Tortenguss
Erdbeergeschmack,
2 EL Zucker
<u>Belag:</u>
250 g Quark 20 %,
2-3 EL Zucker,
1 Päckchen Gelatine,
3 EL Wasser,
2 EL Zitronensaft,
2 Päckchen Vanillezucker,
1 Päckchen Sahnesteif,
400 ml Schlagsahne
<u>Cremeguss:</u>
200 ml Milch,
1/2 Päckchen Puddingpulver
Himbeergeschmack (Fruko),
1-2 EL Himbeergetränkepulver,
1 geh. TL Himbeergötterspeise,
2-3 EL Zucker,
50 g Butter,
25 g Würfelmargarine

Eier und Zucker dickcremig schlagen, die zerlassene Margarine unterziehen. Mit Mehl, Speisestärke und Backpulver zu einer glatten Masse langsam schlagen. Auf Papier auf einem Blech backen.
Blech stürzen, Papier abziehen, in der Mitte den Boden senkrecht durchschneiden.
Himbeeren mit Wasser und Zucker aufkochen, mit dem Mixstab pürieren und mit Tortenguss dicklich kochen. Auf eine Gebäckhälfte streichen und die andere darüber decken, etwas andrücken.
Quark mit Zucker verrühren. Gelatine im warmen Wasser-Zitronensaft-Gemisch gut auflösen und mit 2 EL Quark gründlich verrühren. Diese Masse mit dem großen Rest Quark gut verrühren. Die mit Vanillezucker und Sahnesteif steif geschlagene Sahne unterziehen und auf die zweite Teigplatte streichen. Kühl gestellt fest werden lassen.
Milch mit Pudding-, Götterspeise- und Getränkepulver aufkochen. Butter und Margarine cremig schlagen und löffelweise die erkaltete Puddingmasse unterschlagen. Auf die inzwischen fest gewordene Quarkcreme streichen.

Backzeit: 10-15 Minuten
Backhitze: 180 °C

Das ist ein von mir etwas abgewandeltes Rezept nach dem Genuss der Lillifee-Schnitten von Antje Otto aus Kleinaga (Ortsteil von Gera) auf dem Kuchenmarkt von Großaga.

Fettet man auch das Blech, rutscht das Papier beim Teigaufstreichen nicht weg.

Grundrezept Hefeteig

(für 1 Backblech)

80-100 g Margarine,
70 g Zucker, 1 Msp. Salz,
350 g Mehl,
80-100 ml Milch,
20 g frische Hefe,
evtl. abgeriebene Zitronenschale

Weiche Margarine, Zucker und Salz gut verrühren, Mehl darüber sieben und mit der in lauwarmer Milch aufgelösten Hefe gut verkneten. Zugedeckt im Warmen 1 Stunde gehen lassen, nochmals durchkneten, ausrollen und nach jeweiligem Rezept weiter verarbeiten.

1 Ei im Teig macht den Teig stabiler. Das ist besonders günstig bei feuchten Fruchtbelägen. In dem Fall bitte die Flüssigkeitsmenge etwas reduzieren.

Gefüllter Mandelkuchen

Hefeteig für 1 Blech

Belag:
200 g Margarine,
150 g Honig,
75 g Nuss-Nougat-Creme,
4 EL Rum, 5 EL Milch,
100 g Zucker,
2 Eier,
400 g gemahlene Mandeln
Decke:
2 Eier,
50 g Zucker,
2 EL Wasser,
75 g Mehl,
25 g Speisestärke,
1 geh. TL Backpulver

Hefeteig zubereiten und nach dem Gehen auf einem gefetteten Blech ausrollen.
Inzwischen Margarine, Honig und Nuss-Nougat-Creme schmelzen. Abgekühlt Rum, Milch, Zucker, Eier und gemahlene Mandeln unterrühren. Die Masse auf den Hefeteig streichen. Etwas gehen lassen und erst jetzt die Biskuitdecke darüber streichen und sofort backen.
Für die Biskuitdecke Eier mit Wasser und Zucker cremig schlagen. Mehl, Speisestärke und Backpulver nach und nach mit dem Löffel vorsichtig unterziehen. Erkaltet mit Staubzucker bepudern oder mit einem Schokogitter verzieren.

Backzeit: 15-20 Minuten
Backhitze: 180-200 °C

Mutter(s)kuchen aus Wünschendorf

Hefeteig für 1 Backblech

Belag:
150 g Kakao,
75 g Zucker,
250 g Butter
Streusel:
250 g Mehl,
50 g Zucker,
150 g Margarine,
1 Päckchen Vanillezucker

Den Hefeteig auf einem gefetteten Backblech ausrollen. Zucker und Kakao vermischen und auf den Teig streuen. Die zerlassene flüssige Butter darüber träufeln. Aus den Streuselzutaten nicht zu kleine Streusel kneten und über die Kakao-Butter-Schicht krümeln. Backen.

Backzeit: 20-25 Minuten
Backhitze: 180-200 °C

Dieser gehaltvolle Kuchen ist auch für Festlichkeiten geeignet. Weil dieser Kuchen bereits von den Müttern und Großmüttern gebacken wurde, nannte man ihn Mutter(s)kuchen.

Tipp

Der Kuchen wird saftiger, wenn man ihn noch heiß mit heißer Milch beträufelt.

Gudrun Dietze mit Tochter Kerstin bei Konfirmationsvorbereitungen für Bekannte.

Aus Pfanne und Ofen

Würzige, knusprige Ofengerichte

Rosenkohlauflauf

(für 2-3 Personen)

300 g Rosenkohl,
300 ml Brühe,
2-3 Tomaten,
50 ml Schmand,
50 g Kräuterfrischkäse,
Kräutersalz, Muskat,
Salz, Pfeffer,
20 g Kräuterbutter,
125 g Schinken

Rosenkohl in der Brühe ziemlich weich kochen und gut abgetropft in eine gefettete Auflaufform geben. Dazwischen ganz kleine oder in Viertel geschnittene Tomaten legen. Brühe mit Schmand, Kräutersalz und Frischkäse zu einer kräftigen Soße verquirlen, mit Muskat, Salz und Pfeffer abschmecken. Die Soße über den Auflauf geben. Butterflöckchen darüber verteilen und den Schinken in Streifen geschnitten darüber legen (auch als Karo). Dann im Ofen überbacken.
Dazu trockenen Reis oder Nudeln servieren.

Backzeit: 15-20 Minuten
Backhitze: 180-200 °C

Wirsingauflauf

300 g Wirsingstreifen,
Salz,
1 große Zwiebel,
150 g gewürztes Gehacktes,
1 EL Öl,
100 g rohe Kartoffelscheiben,
100 g Blauschimmelkäse,
2 Tomaten (150 g),
150 ml Milch,
1 Ei

Das ist ein besonders guter Auflauf!

Den in Streifen geschnittenen Wirsing in wenig kochendem Salzwasser halb weich kochen. Das grob zerzupfte Gehackte unter Rühren im erhitzten Öl etwas zur Farbe anbraten.
Ganz dünne Kartoffelscheiben in eine Pfanne oder Auflaufform geben. Die Hälfte Wirsingstreifen darüber verteilen. Die Hälfte vom zerzupften Käse mit Tomatenwürfeln vermischt über den Wirsing geben und das Zwiebelhackfleisch ebenfalls darüber verteilen. Mit dem Rest Wirsing alles bedecken. Mit dem übrigen Käse bestreuen und das mit Milch verquirlte Ei darüber geben. Goldbraun überbacken.

Backzeit: 25-30 Minuten
Backhitze: 180 °C

Paprikaauflauf

75 g Nudeln,
3 Paprikaschoten,
250 g gewürztes Gehacktes,
250 ml Gemüsebrühe,
100 ml Schmand,
1 TL Rosmarin,
1 EL Parmesankäse,
1 Ei,
Salz, Pfeffer

Die im leichten Salzwasser gegarten Nudeln abgießen und in eine gefettete Auflaufform geben. Paprikaschoten putzen, in Würfel schneiden und in wenig Wasser ziemlich weich kochen, gut abtropfen lassen. Dann mit dem krümelig gebratenen Gehackten vermischen und über den Nudeln verteilen. Gemüsebrühe mit Schmand, Rosmarin, Parmesan und Ei verquirlen, mit Salz und Pfeffer abschmecken, über den Auflauf gießen und im Ofen überbacken.

Backzeit: 20 Minuten
Backhitze: 200 °C

Ein empfehlenswertes Schnellgericht.

Chicoreepfanne

2 Hähnchenbrustfilets,
3 EL Öl,
Salz, Pfeffer,
600 g Chicoree,
150 ml Hühnerbrühe,
200 g Tomaten,
200 ml Schmand,
4 EL Orangensaft,
1 EL Currypulver,
100 g Reibekäse

Die Hähnchenbrüstchen im heißen Öl anbraten, mit Salz und Pfeffer würzen. Den Chicoree halbieren, den bitteren Strunk und welke Blätter entfernen, dabei sollen die guten Blätter noch zusammenhalten. Eine Auflaufform mit Öl einpinseln und die Chicoreehälften mit der Schnittfläche nach unten in der Form verteilen. Das Fleisch darüber legen. Bratsatz mit Hühnerbrühe ablöschen, aufkochen und über den Auflauf gießen. Tomatenscheiben darüber verteilen. Schmand mit Orangensaft, Salz und Currypulver verrühren und über den Tomatenscheiben verteilen. Mit Reibekäse bestreuen und überbacken.

Backzeit: 25 Minuten
Backhitze: 180 °C

Chicoree mit Fischfilets

300-400 g Fischfilet (TK),
Salz, Pfeffer,
500-600 g Chicoree,
100 ml Schlagsahne,
1 EL Senf,
1 geh. EL Parmesankäse,
1 Eigelb,
frische oder getrocknete Kräuter

Fischfilets etwas antauen lassen. Jedes Filet in drei Stücke zerteilen und mit Salz und Pfeffer würzen. Die welken Blätter und die Strünke vom Chicoree entfernen. In wenig Salzwasser 4-5 Minuten kochen. Abgetropft in einer gefetteten Auflaufform verteilen. Die Fischstücke darüber legen. Sahne mit Eigelb, Senf, Parmesan und Kräutern verquirlen und über den Auflauf gießen. Überbacken.

Backzeit: 25-30 Minuten
Backhitze: 180 °C

Leichte, sättigende Mahlzeit, die sehr gut schmeckt.

Pusztapfanne

1 Zwiebel,
2 Paprikaschoten (bunt),
2 Tomaten,
100 g roher Schinken,
4 Eier, Salz, Pfeffer, Paprikapulver,
1 EL Öl,
Petersilie, Thymian,
100 ml Gemüsebrühe

Zwiebelwürfel und in Streifen geschnittene Paprika im heißen Öl anbraten und 10 Minuten dünsten. Tomatenwürfel und Thymian zugeben, Schinkenspeckscheiben darüber legen. Eventuell noch etwas Brühe darüber geben. Eier in die Pfanne schlagen, mit Salz, Pfeffer und Paprika würzen. In der Röhre bei mäßiger Hitze stocken lassen. Eier aufs Gericht geben. Mit gehackter Petersilie bestreuen. Schmeckt sehr gut zu trockenem Reis.

Zucchini-Pilz-Auflauf

300-400 g Zucchinischeiben,
1 Glas Champignons
(besser frische Champignons
oder Waldpilze),
1 große Zwiebel,
1 Knoblauchzehe,
1 EL Öl,
50 g Kräuterfrischkäse,
100 ml Sahne oder Milch,
2-3 Eier,
Salz, Pfeffer, Muskat,
50 g Reibekäse

Geschälte Zucchinischeiben im kochenden Wasser 1 Minute blanchieren und gut abgetropft in einer gefetteten Auflaufform verteilen. Die (in Scheiben geschnittenen) Pilze mit Zwiebel- und Knoblauchwürfeln im heißen Öl braten, bis die Flüssigkeit weg ist. Mit Salz und Pfeffer würzen und gleichmäßig über die Zucchinischeiben geben. Frischkäse, Sahne oder Milch mit Eiern, Salz, Pfeffer und Muskat verquirlen und über den Auflauf gießen. Mit Reibekäse bestreuen und überbacken.

Backzeit: 35 Minuten
Backhitze: 180 °C

Spargelauflauf

200 g Kartoffelscheiben,
400 g geputzter und geschälter weißer Spargel,
200 g Kochschinken,
1 EL Butter,
1 EL Mehl,
Muskat,
150 ml Spargelkochwasser,
3 EL Sahne,
3 EL Reibekäse

Gekochte, geschälte Kartoffeln in Scheiben schneiden und in einer gefetteten Auflaufform verteilen. Spargel in ca. 15 Minuten im leichten Salzwasser ziemlich weich kochen, abgießen. Schinkenstreifen über die Kartoffelscheiben legen. Den gut abgetropften Spargel darüber verteilen. Mehl in zerlassener Butter anschwitzen, mit 150 ml Spargelkochwasser und Sahne nach und nach ablöschen. 2 EL Reibekäse und etwas Muskat darunter rühren. Diese dickliche Soße gleichmäßig über dem Auflauf verteilen. Mit restlichem Reibekäse bestreuen und in der Röhre überbacken.

Backzeit: 20-25 Minuten
Backhitze: 180 °C

Rosenkohl mit Hackfleischsoße

250 g Rosenkohl,
1 Zwiebel,
300 g gewürztes Gehacktes,
1 EL Butter,
100 ml Sahne,
150 ml Brühe,
50 g Reibekäse,
Muskat, Salz, Pfeffer,
Petersilie

Kohl ca. 15 Minuten im leichten Salzwasser garen, bis er weich ist. Zwiebelwürfel und zerzupftes Gehacktes in Butter braten, mit Sahne und Brühe ablöschen. Käse einrühren und schmelzen lassen. Die Röschen in die Soße geben. Mit Pfeffer, Salz und Muskat abschmecken. Mit gehackter Petersilie bestreuen. Zu Nudeln oder Kartoffeln servieren.

Broccoli-Auflauf

1 Kartoffel (100 g),
500 g Broccoli,
1/2 l Wasser,
1/2 TL Salz,
1 mittelgroße Zwiebel,
200 g gewürztes Gehacktes,
1 TL Öl,
200 ml Broccolikochwasser,
50 g Gorgonzola oder
Blauschimmelkäse,
Butterflöckchen

Eine rohe, geschälte Kartoffel in ganz dünne Scheiben schneiden und eine gefettete Auflaufform damit auslegen. Broccoli in Röschen teilen. Zwiebelwürfel und zerzupftes Gehacktes im heißen Öl glasig zur Farbe anbraten. Den in Salzwasser nur kurz gekochten Broccoli abgießen und die Röschen auf die Kartoffelscheiben legen. Das Gehackte so darüber streuen, dass die Röschenlücken ausgefüllt werden. Den im Broccoliwasser verquirlten Käse über den Auflauf gießen. Den Auflauf mit kleinen Butterflöckchen belegt im Ofen goldbraun überbacken.
Dieser Auflauf überzeugt auch Leute, die sonst keinen Broccoli mögen. Man kann übrigens die Kartoffel auch weglassen. Dann verkürzt sich die Backzeit auf 15-20 Minuten.

Backzeit: 25-30 Minuten
Backhitze: 180-200 °C

Gudrun Dietzes Rat ist gern gehört.

Leckeres mit Fleisch und Fisch

Hähnchenbrüstchen überbacken

300 g Hähnchenbrust,
Salz, Pfeffer,
1 TL Currypulver,
1 TL Mehl,
1/2 EL Öl,
1/2 EL Butter,
30-40 g gehackte Walnüsse,
50 ml Sahne,
50 g Schmelzkäse,
30 g Butter

Die Brüstchen in vier Stücke teilen, mit Salz, Pfeffer und Curry einreiben, in wenig Mehl wenden. Im erhitzten Butter-Öl-Gemisch scharf anbraten, bis sie etwas Farbe haben. Das Fleisch in eine passende Auflaufform geben (evtl. dachziegelartig übereinander schichten). Mit grob gehackten Walnüssen bestreuen. Den Bratsatz mit 3 bis 4 Esslöffeln Wasser ablöschen, dann mit Sahne und Käse verquirlen und über die Brüstchen gießen. Mit zerlassener Butter beträufeln, in der Röhre überbacken. Mit einem frischen Salat servieren.

Backzeit: 25-30 Minuten
Backhitze: 180 °C

Fischfilets mit Wirsing

1 Zwiebel,
1 EL Öl,
400 g Wirsingstreifen,
Muskat,
150 ml Gemüsebrühe,
4-5 Fischfilets,
1 EL Butter,
1-2 EL Schmand,
Salz, Pfeffer,
1 TL Senf

Die feingewürfelte Zwiebel im heißen Öl glasig braten. Den in Streifen geschnittenen Wirsing zugeben und unter Rühren andünsten, mit Muskat würzen, Brühe zugießen und zugedeckt in 5-10 Minuten weichdünsten. Die Fischfilets in heißer Butter beidseitig kurz anbraten und zugedeckt noch 2-3 Minuten garen, dabei sparsam salzen. Schmand mit Senf, Salz und Pfeffer verrühren und in den Bratsatz rühren. Nicht mehr kochen. Zum Fisch und Wirsing die knappe Soße reichen (evtl. etwas vom Wirsingkochsud in die Soße rühren).

Semmelmehl in Butter rösten und den Wirsing damit bestreuen!

Fischfilets auf Gartengemüse

300 g Fischfilet (TK),
Salz, Pfeffer,
200 g Möhrenscheiben,
200 g Blumenkohlröschen,
200 g Kohlrabistifte,
1 kleine Porreestange,
in Streifen geschnitten,
1 TL Sojasoße,
1/2 TL Gemüsebrühpulver,
1/2 TL Salz, Pfeffer,
gerebelte Sellerieblätter,
30-50 g Kräuterbutter,
Zitronensaft,
75 g Schnittkäse, Petersilie

Gefrostete Fischfilets auf einen Teller legen und etwas antauen lassen. Das Gemüse in eine kleine feuerfeste Pfanne oder Kasserolle geben. Sojasoße, Brühpulver, Salz und Pfeffer in 4 EL Wasser verrühren und mit dem Selleriekraut und der zerlassenen Kräuterbutter unter das Gemüse mischen. Die Fischfilets auf das Gemüse legen und sparsam mit Salz, Pfeffer und ein paar Spritzern Zitronensaft würzen. Zugedeckt auf der Herdplatte kurz aufdämpfen. Nun in der Röhre zugedeckt garen. Danach aufdecken, Käsescheiben und gehackte Petersilie über den Auflauf verteilen und weitere 10 Minuten aufgedeckt überbacken, bis der Käse zerlaufen ist. Sättigend auch ohne Beilage.

1. Backzeit: ca. 25 Min. 2. Backzeit: 10 Min.
Backhitze: 180-200 °C

Kalbshaxe

1 Haxe (1500 g),
Salz, Pfeffer,
1 EL Öl,
1 EL Butter,
1 große Zwiebel,
1 kleine Möhre,
1 kleine Stange Porree,
1 Stück Sellerie,
1 Tomate,
2 Knoblauchzehen,
1 TL Kümmel,
1 Lorbeerblatt,
100 g Schmand,
500 ml Fleischbrühe oder Wasser,
1-2 TL Speisestärke

Haxe mit Salz und Pfeffer einreiben und im Öl-Butter-Gemisch ringsum braun anbraten. Evtl. aus der Pfanne nehmen und das Gemüse (alles gewürfelt) im Bratfett anbraten, bis die Zwiebel glasig ist. Fleisch darüber legen, mit etwas Brühe oder Wasser angießen, etwas einbraten lassen und den Vorgang zwei- bis dreimal wiederholen, dabei das Fleisch zwischendurch wenden. Lorbeerblatt und Kümmel zugeben und den Schmand über das Fleisch in den Bratfond gießen. Rest Brühe oder Wasser zugeben. Zugedeckt in der Röhre 90 Minuten garen. Aufgedeckt weitere 15 Minuten überbräunen. Haxe in Scheiben schneiden und die Soße mit Speisestärke binden. Dazu Klöße, Sauerkraut oder Wirsinggemüse servieren.

1. Backzeit: 90 Minuten
2. Backzeit: 15 Minuten
Backhitze: 180-200 °C

Ein Gericht, das meine Mutter früher oft zubereitet hat.

Lammröllchen

700-800 g Lammfleisch,
1-2 EL Senf, Salz, Pfeffer,
je 1 TL Thymian und Rosmarin,
2 Zwiebeln, gewürfelt,
50 g Bauchspeckwürfel, 1 EL Öl,
1 Lorbeerblatt,
1 EL Tomatenmark, 50 g Schmand

Lammfleisch, das kein schönes Bratenstück gibt, in Scheiben schneiden. Mit Senf einreiben, mit Salz, Pfeffer und Kräutern bestreuen. Mit Zwiebelwürfeln belegen. Zusammenrollen und mit Zwirn umwickeln. Röllchen im heißen Bauchspeck-Öl-Gemisch ringsum braun anbraten. Lorbeerblatt und Zwiebelwürfel zugeben und goldgelb anrösten. Tomatenmark mit Schmand vermischt einrühren. Wasser oder Brühe angießen, zudecken und in der Röhre weich garen. Ab und zu die Röllchen drehen und heißes Wasser nachgießen. Dazu schmecken Thüringer Klöße und Bohnensalat, evtl. noch mit Gurkensalat gemischt.

Garzeit: 50-60 Minuten
Backhitze: 180 °C

Schweinebraten nach alter Bauernart

1 kg Schweinekamm oder -schulter,
1/2 Flasche dunkles Bier,
2 Stängel Beifuß (ca. 10 cm),
je 1/4 TL Thymian, Majoran und Kümmel,
2 TL Salz, Pfeffer,
2-3 EL Öl,
1-2 Zwiebeln, gewürfelt,
1/2 l Brühe (aus 1-2 TL Instant Brühpulver oder selbst gekochte Knochenbrühe),
1-2 TL Speisestärke

Von Bier bis Kümmel alles in einen genügend großen Topf geben und das Fleisch zufügen. Zwei Tage kühl gestellt marinieren und öfter mal wenden. Dann aus der Marinade nehmen, trockentupfen, mit Salz und reichlich Pfeffer würzen. Das Fleisch im heißen Öl ringsum braun braten, dabei die groben Zwiebelwürfel glasig werden lassen. Zwischendurch immer wieder etwas Marinade und Brühe angießen. Nun den Rest Brühe und evtl. noch etwas Wasser zugeben, bis das Fleisch zur Hälfte bedeckt ist. Zugedeckt garen, bis das Fleisch weich ist. Erkaltet in nicht zu dicke Scheiben schneiden, dachziegelartig in eine Pfanne legen und aufgedeckt ca. 15 Minuten überbräunen. Soße leicht binden. Dazu passen Klöße und Wirsing, Rotkohl oder Kohlrabistifte.

Garzeit: 60-90 Minuten
Backhitze: 180-200 °C

Putenleber mit Kartoffel-Sellerie-Püree

1 große Zwiebel,
50 g Butter,
500 g Leber, 1 EL Dinkelmehl,
250 ml Hühnerbrühe,
100 ml Sahne,
1-2 TL Zitronensaft,
Senf, Paprikapulver,
Salz, Pfeffer, Zucker
Kartoffel-Sellerie-Püree
300 g Kartoffeln,
150-200 g Sellerie,
75 g Schmand,
Salz, Pfeffer, Muskat

Zwiebelwürfel in Butter andünsten, Leberwürfel zugeben und das Mehl darüber stäuben. Die Leberwürfel unter Rühren zur Farbe braten. Brühe zufügen und ca. 5 Minuten leicht köcheln lassen. Sahne, Senf und Paprika verrühren und mit der Leber vermischen. Mit Salz, Pfeffer, Zitronensaft und Zucker lieblich abschmecken. Dazu Kartoffel-Sellerie-Püree servieren.
Für das Kartoffel-Sellerie-Püree die Kartoffelwürfel mit Selleriewürfeln ganz weich kochen. Durch ein Sieb drücken, Schmand unterrühren und mit Salz, Pfeffer und Muskat abschmecken.
1 EL braune Butter verfeinert das Püree.

Putenrouladen

4 Backpflaumen,
4 Putenschnitzel (500-600 g),
Salz, Pfeffer,
50 g Räucherbauch,
1 großer säuerlicher,
geraspelter Apfel,
1-2 EL Öl

Backpflaumen mit Wasser über Nacht in einer kleinen Tasse einweichen. Rouladen mit Salz und Pfeffer würzen. Gewürfelten Räucherbauch mit zerkleinerten Backpflaumen und Apfelraspeln vermischen, auf den Rouladen verteilen. Die Rouladen mit Garn umwickeln und im heißen Öl ringsum anbraten. Mit dem Pflaumen-Einweichwasser und etwas Wasser ablöschen. In der Röhre ca. 30 bis 40 Minuten zugedeckt garen, bis sie weich sind. So bekommt die Pute einen schönen kräftigen Geschmack. Die knappe Soße reicht für Pommes als Beilage. Evtl. nur einen frischen Salat dazu servieren.

Garzeit: 30-40 Minuten
Backhitze: 180 °C

Tipp

Das Gericht funktioniert auch mit Schweineschnitzeln.

Damhirschkeule

400 ml Rotwein,
1 EL Essig,
2 TL Pfefferkörner,
200 ml Wasser,
2 Lorbeerblätter,
18 Wacholderbeeren,
5 Pimentkörner,
je 1 Stück Möhre, Sellerie und Porree,
1,5 kg Damhirschkeule,
50-75 g Speck,
1 Zwiebel, Salz, Pfeffer,
1 EL Butterschmalz,
1 EL Öl,
100 ml Schmand,
2 TL Mehl

Von Rotwein bis Porree alles in einem Topf aufkochen lassen. Das Fleisch ca. 24 Stunden in die erkaltete Rotweinbeize legen. Danach herausnehmen und abtupfen, mit dem Speck spicken, kräftig mit Salz und Pfeffer einreiben. Marinade aufheben. Im heißen Butter-Öl-Gemisch ringsum schön braun anbraten. Dabei öfter von der Hälfte der Marinade ablöschen, einbraten lassen. Zwischendurch die grob gewürfelte Zwiebel etwas anschmoren, dann den Schmand einrühren. Fleisch halb bedeckt von Rotweinbeize, Wasser und Gewürzen zugedeckt in die Röhre schieben und garen. Zwischendurch immer wieder mit dem Soßenfett begießen. Nach Garende kalt in Scheiben schneiden und zurück in die Pfanne legen. Die gesiebte Soße darüber geben und das Fleisch aufgedeckt überbräunen. Die Fleischscheiben dachziegelartig auf einer Platte anrichten. Die Soße mit etwas Mehl binden und extra dazureichen. Dazu schmecken Thüringer Klöße und Rotkraut oder Rosenkohl oder auch geschmorte Pilze.

Garzeit: 2 Stunden
Brathitze: 125-150 °C

Ein feiner, zarter Braten.

Lendchenpfanne

(für 2 Personen)

250 g Schweinelende oder Putenschnitzel, Salz,
1 TL Mehl,
1-2 EL Öl,
1 Zwiebel,
1 TL Paprikapulver,
1 Paprikaschote,
1 Tomate,
150 ml Brühe,
2 TL Schmand oder Kräuter-Crème fraîche

Das Fleisch in kleine Scheiben von 40-50 g schneiden, leicht klopfen und salzen. Beidseitig in Mehl wenden. Bei starker Hitze kurz anbraten und aus der Pfanne nehmen. Kleingewürfelte Zwiebel im Bratfett bräunlich anrösten. Paprikapulver einrühren und mit Brühe ablöschen. Mit Salz abschmecken und alles köcheln lassen, bis die Zwiebelwürfel etwas zerkocht sind. Die Fleischscheiben zurück in die Soße legen, Schmand einrühren. Tomaten- und Paprikawürfel darüber geben. Zugedeckt schmoren, bis das Gemüse etwas weich ist. Dazu Nudeln oder Kartoffeln reichen.

Wenn man dünn geschnittene Scheiben vom Schweinekamm verwendet, wird das Gericht besonders würzig (Rostbrätel in 2-3 Stücke schneiden.)

Stolzer Heinrich

4-6 Rostbratwürste,
1 EL Öl,
1 geh. TL Mehl,
125 ml Brühe,
100 ml Bier,
1 Lorbeerblatt, Pfefferkörner,
3-4 Kapern,
Zitronensaft,
Salz, Pfeffer

Die Thüringer Roster in wenig Öl braun braten. Herausnehmen. Das Mehl im Bratfett anschwitzen, Lorbeerblatt und Pfefferkörner zugeben, Brühe und Bier zugießen. Alles 10 Minuten köcheln lassen. Mit Salz, Pfeffer und Zitronensaft abschmecken. Kapern und Würste wieder in die Pfanne legen und 5 Minuten leise schmoren. Dazu schmecken Bratkartoffeln oder Kartoffeln mit Sauerkraut.

Ein uraltes, in ganz Thüringen bekanntes Gericht.

Geschmorte Lammrippchen oder -koteletts

8-10 kleine Lammkoteletts oder 400-500 g Rippchen, 2 EL Öl, 1 Knoblauchzehe oder 1 TL Knoblauchsalz, 2 Zwiebeln, je 50 g Möhre und Sellerie, 1 kleine Stange Porree, 1/2 Flasche Bier, je 1 TL Rosmarin und Thymian, Salz, Pfeffer

Die gesalzenen und gepfefferten Koteletts im heißen Öl beidseitig anbraten. Mit Knoblauchwürfelchen oder -salz bestreuen und aus der Pfanne nehmen. Die groben Zwiebel-, Sellerie- und Möhrenwürfel mit den Porreescheiben im Bratfett braten, bis die Zwiebel glasig ist. Mit Bier ablöschen und die Koteletts auf das Gemüse legen, evtl. noch eine Tasse heißes Wasser zugeben. Thymian und Rosmarin darüber streuen und zugedeckt in 60 bis 90 Minuten in der Röhre weich garen. Bratfond über die Koteletts gießen. Mit Salzkartoffeln und Butterbohnen servieren.

Backzeit: 60-90 Minuten
Backhitze: 150 °C

Butterbohnen

1 Pck. grüne Bohnen TK, Salz, Pfeffer, Bohnenkraut (gerebelt), 1 EL Butter

Für die Butterbohnen das Tiefkühlgemüse heiß abspülen, mit Salz, Pfeffer und Bohnenkraut weich garen, evtl. entstandene Flüssigkeit abgießen. Die weichen Bohnen mit brauner Butter vermischen.

Allerlei Gutes aus der Hausküche

Delikatess-Fleischbrühe

500 g Markknochen,
300-500 g Rindfleisch zum Kochen,
Salz,
1 Stück Möhre,
1 kleine Zwiebel,
1 Stück Sellerie,
1/2 Lorbeerblatt,
2 Nelken,
6 Pfefferkörner,
evtl. Liebstöckel

Die gewaschenen Knochen mit dem gewaschenen Fleisch in ca. 1 Liter Wasser ansetzen und 1 Stunde köcheln lassen. Nun das in grobe Stücke geschnittene Gemüse, die Gewürze und Salz zufügen und 1 weitere Stunde köcheln, bis das Fleisch weich ist. Über einem Sieb abgießen.

Mit dieser feinen Brühe kann man Braten begießen oder man kocht eine Gemüsesuppe daraus und gibt das zerkleinerte Fleisch hinein. Eine Tasse der Brühe mit einem verquirlten Ei ist eine kräftigende Krankenkost.

Kohlrabisuppe

2 Kohlrabi,
1-2 TL Butter,
500 ml Brühe,
100 g Kräuterfrischkäse,
Salz, Pfeffer,
100 g Schinkenspeckwürfel

In Stifte geschnittene Kohlrabi in Butter anschwitzen, dann in Brühe weich kochen. 1 Tasse Stifte aus der Brühe nehmen. Die übrigen Kohlrabistifte mit der Brühe pürieren. Kräuterfrischkäse unterrühren. Kohlrabistifte wieder zugeben. Die kross gebratenen Schinkenspeckwürfel und gehackte Petersilie darüber streuen. Mit Salz und Pfeffer abschmecken.

Statt Schinkenwürfel können auch gebratene Semmelwürfel über die Suppe gestreut werden.

Bohnensuppe auf ungarische Art

500 g Fleischknochen,
1 Lorbeerblatt,
100 g Möhre,
50 g Sellerie,
300 g grüne Bohnen,
1 gelbe Paprikaschote,
1 große Tomate,
1/2 Zwiebel, 2 TL Öl,
1 TL Paprikapulver,
75 ml Schmand,
1-2 TL Mehl,
1-2 TL Essig,
1/2 TL Zucker,
Salz, Knoblauchsalz,
Pfeffer

Knochen in 1 Liter Wasser ca. 1 bis 2 Stunden langsam kochen. Lorbeerblatt und 1 TL Salz zugeben und das Fett von der Brühe abschöpfen. Möhrenscheiben, dünne Selleriescheiben und Bohnen im Knochenfett anschwitzen und etwas Brühe auffüllen. Alles in 10 bis 15 Minuten weich kochen. Paprika- und Tomatenwürfel kurz mitkochen, Zwiebelwürfel in Öl anschwitzen. Paprika und Mehl einrühren, Schmand zugeben, den Rest Brühe einrühren und alles mit der Suppe vermischen. Mit wenig Essig, Zucker, Salz, Knoblauchsalz und Pfeffer lieblich abschmecken.
Eine wunderbare Suppe, die auch ohne Kartoffel- und Nudeleinlage sättigt und sehr gut schmeckt.

oben: Kohlrabisuppe
unten: Bohnensuppe

Partysalat

1 Eisbergsalat,
200 g fester Schnittkäse,
50 g grob gehackte Walnüsse,
200 g Weinbeeren (blau oder hell),
2 EL leichtes Dressing (Supermarkt),
2 EL Zitronensaft,
1 TL Zucker, 1 Prise Salz

Für das Dressing die Salatcreme mit Zucker und Zitronensaft nach Geschmack vermischen.
Den geputzten Salat und den Schnittkäse in Streifen schneiden. Große blaue Trauben zerschneiden und die Kerne entfernen. Mit den grob gehackten Walnüssen in einer Schüssel vermischen und mit dem leichten Dressing lieblich abschmecken.
Das ist ein ganz besonders feiner Salat.

Tipp

Schneller zubereitet ist der Salat, wenn man helle, kernlose Weintrauben verwendet.

Fischsuppe

200-300 g Fischfilet,
1 TL Zitronensaft,
1 Knoblauchzehe,
1 Zwiebel,
1 EL Öl,
1 Kartoffel,
1/2 l Brühe,
200 g Tomaten,
1/2 TL Estragon,
Salz,
1 Eigelb,
3 EL Sahne

Fisch mit wenig Zitronensaft einreiben, dann in Stücke schneiden. Zwiebelwürfel und fein gewürfelten Knoblauch im heißen Öl andünsten und die geschälte, gewürfelte Kartoffel dazugeben. Mit Brühe ablöschen und ca. 15 Minuten nicht zu stark kochen lassen. Gewürfelte Tomate und Estragon nach Geschmack zugeben. 15 bis 20 Minuten weiter köcheln. Mit Salz abschmecken und die Fischstücke zugeben und etwas ziehen lassen. Nun Eigelb und Sahne verquirlen und in die heiße Suppe geben. Nicht mehr kochen.

oben: Partysalat
unten: Lendchenpfanne (Rezept S. 64)

Lachscreme

50 g Schmand,
200 g Frischkäse,
1 kleines Glas feine Lachsschnitzel
125 g (85 g Abtropfgewicht)

Schmand mit Frischkäse gut verrühren oder verschlagen. Die Lachsschnitzel auf einem Sieb durch Nachdrücken mit dem Löffel vom Öl befreien. Unter die Frischkäsemasse geben und gut verrühren.

 *Tipp*

Ein ganz feiner Brotaufstrich, der sich auch gut fürs Partybuffet eignet. Dafür kleine Dreiecke von dunklem Brot mit der Creme bestreichen, mit Ei und Dill garnieren.

Kaiserschmarrn

4 Eier,
350 ml Milch,
100-125 g Dinkelmehl Type 630,
1/4 TL Backpulver,
50 g Rosinen,
2 EL Rum,
1 Prise Salz,
Öl,
1 EL Butter,
1 EL Honig,
Staubzucker

Eier kurz verschlagen, mit etwas Milch und Mehl mit Backpulver glatt rühren. Die restliche Milch mit den in Rum eingeweichten Rosinen untermischen. Eine große Pfanne mit wenig Öl auspinseln und zwei schöne, dicke Pfannkuchen backen. Dann mit zwei Löffeln in Stücke reißen. In einem breiten Tiegel Butter und Honig leicht bräunen und die Eierkuchenstücke darin unter Rühren etwas karamellisieren lassen. Auf vier Teller verteilen und mit Staubzucker bestreuen.

Nach diesem Rezept „veredele" ich meine Eierkuchen zu feinem Kaiserschmarrn.

Rezeptverzeichnis

Geschichten vom Dorf

und aus meiner

Eine Bauernhochzeit

Urahne, Großmutter, Mutter und Kind – zwischen Onkel und Tante, neben Magd und Knecht – da bin ich aufgewachsen. So war's früher einmal, vor vielen, vielen Jahren. In einer Küche, an einem Tisch, in einer Stube gehörten wir alle zusammen.

Und der bucklige Fritze war der Tollpatsch der Familie. Alle nannten ihn nur den Pummel – auch als er längst nicht mehr dick war, behielt er seinen Spitznamen übers Dorf hinaus.

Er war Papas lediger Bruder, und sein Leben verdankte er dem Glück oder auch dem Zufall. Und weil es immer wieder erzählt wurde, fühlte er sich auch recht bald so – wie ein Glückskind. Mit sagenhaftem Selbstbewusstsein wusste er alles besser, hatte immer Recht und rannte mit seinem sturen Kopf durch die Wand. Eigentlich gab's kaum jemand, mit dem er hätte auskommen können. Und mit niemandem wäre er auch je vergleichbar gewesen. Durch seinen Buckel lief er immer ganz schief, und bei der Arbeit träumte er, und so passierten ihm immer wieder die ungewöhnlichsten Dinge. „Aber über Nacht kann's anders werden" – für diese „Weisheit" war er bekannt. Wenn alle Toten längst vergessen sind, mein Onkel Fritz lebt weiter – in komischen und auch dramatischen Erinnerungen. Über seine außergewöhnlichen Unfälle, die er in rätselhafter Weise alle immer überlebt hat, wird bis heute im Wirtshaus erzählt.

Meine Großmutter, die dunkelhaarige Ida mit dem rotbäckigen Puppengesicht, war seine Mutter, die hatte sich der Großvater aus Linda geholt, eine gute Stunde Fußmarsch querfeldein. Als Tochter eines wohlhabenden Großbauern war die Auserwählte eine recht stattliche Erscheinung aus gutem Elternhaus. Und schon im Jahr 1901 läuteten die Hochzeitsglocken übers ganze Dorf und Großmutters Hochzeit wurde mit großem Aufwand gefeiert. So richtig gepasst hat die Ida auf gar keinen Bauernhof, egal wo der gestanden hätte. Doch die angesehenste und größte Bäuerin im Dorf, die wollte sie schon sein und so kaufte sie eigenmächtig Land von verschuldeten Bauern dazu. Es würde sich schon jemand finden, der sich freiwillig auf den verqueckten Äckern plagte. Sie jedenfalls nicht. Unsere Ida hatte nur mit sich zu tun, lebte in den Tag hinein und *ließ den lieben Gott einen frommen Mann sein.* Trotzdem war die gesellige Ida der alten Miene eine

Erntestimmung vor unserem Bauernhof um 1910 mit Urgroßvater und Großvater

willkommene Schwiegertochter. Natürlich waren es auch ihre Taler, die ein nicht zu verachtendes Gewicht auf die Waage brachten. Stolze zwanzigtausend sollen es gewesen sein – damals in der Hochzeitskutsche. Das war eine Menge Geld vor über einhundert Jahren.

Und das Geld, Erbteil der Schwiegertochter, blieb sogar im Haus, damals eine Seltenheit. In den meisten Fällen war es nämlich so, dass die noch ledigen Geschwister des Ehepartners schon auf der Lauer lagen, um die Mitgift der (oder des) Eingeheirateten zu kassieren und damit selber eine „gute Partie" zu machen. Im Nu waren so die Jungvermählten ihr Geld los. Ein geschwisterloser Erbhofbauer war schon aus diesem Grund eine Rarität und ein wahrer Idealfall für alle Schwiegermütter. So kam Geld zu Geld und der Erbhof blieb beisammen. So dürften auch die Lindaer gedacht haben und gaben ihre ungeschickte Ida meinem rebellischen Großvater zur Ehefrau.

Was sie allerdings nicht mitbrachte, das waren Lust und Liebe für die Arbeit im Haus und auf dem Hof. Viel lieber hätte sie den jungen Dorfschulmeister aus der Nimmritzer Schule geheiratet und wäre eine Lehrersfrau geworden – von allen beneidet, auch wenn's keiner zugeben will.

Aber das hätte der Mutter Clara noch gefehlt – ein „Stadtrich"! Grund und Boden wollte die Clara sehen, eine volle Scheune und ordentlich Vieh im Stall!

Einheiraten in ein fremdes Haus, das war nicht einfach. Das bedeutete von vornherein, sich einer völlig neuen Situation zu stellen, sich anzupassen – sich zu fügen. Das kostete Überwindung und war immer ein Weg ins Ungewisse.

Allein schon der aufwändige Umzug über die Dörfer war aufregend genug. Langsam trudelt das Pferdegeschirr über die Dörfer, bringt die junge Braut samt Möbeln, Wäsche und ihren tränengefüllten Augen. Als Krönung thronen obenauf die Federbetten. So geschickt gestapelt, dass sie im Vorbeifahren an den Häusern auch gesehen und gezählt werden können. Denn wer viele pralle Federbetten in die Ehe bringt, der ist reich.

Die ersten sechs Wochen waren die schlimmsten – die plötzliche Trennung vom Elternhaus. Dennoch wurden die Spielregeln tapfer eingehalten. Denn wer wollte sich schon erwischen lassen beim heimlichen Plausch mit der Mutter? Sechs Wochen durfte die junge Braut keinen Kontakt mit dem Elternhaus haben. Schließlich ging es ums Eingewöhnen in einer völlig fremden Behausung.

Die Schwiegereltern wurden mit geheiratet, das war von vornherein klar. Die einfältige Lina, Großvaters ewig ledig gebliebene Schwester, wollte verkraftet werden. Und mit dem Stallknecht und den Mägden musste man auch fertig werden. Das war immer so. Zu allen Zeiten mussten alle Generationen miteinander auskommen, ob sie's wollten oder nicht – in einer Küche, in einer Stube, unter einem Dach.

Und die meisten Ehen gingen sogar gut – sie mussten es. Ehescheidungen gab's so gut wie keine. Wo hätte man auch hingewollt? Man war aufeinander angewiesen, auch der ländliche Besitz hielt die Leute zusammen.

Es gab ja schon zu allen Zeiten die sogenannten Muss-Ehen. Die kamen überraschend, und alles musste ganz fix gehen, wenn der Storch schon auf der Feueresse saß. Wer wollte schon ein uneheliches Kind im Haus? Außerdem war der Brautstaat gestrichen, es gab kein weißseidenes Brautkleid und keinen Schleier, den Beweis der Unschuld. Dunkelblau war dann traditionsgemäß angesagt.

Kaum war die Hochzeit vorbei, nahte schon die nächste Feier – die Kindtaufe. Und die wurde natürlich auch mit allem Aufwand gefeiert. Auch hier eine gewisse Eile. Der Nachwuchs sollte noch kein „Gewicht" haben. Denn das Baby wurde ins blütenweiß gerüschte Steckkissen gesteckt und mit dem Brautschleier der Mutter bedeckt. So trug die Hebamme das kleine Bündel auf den Armen in die Kirche. Und der Weg dorthin war manches Mal gar lang.

Tante Ella mit meinem Vater um 1905

Paten, Eltern, die Familie und die liebe Verwandtschaft bildeten den Kindtaufzug mit der Hebamme und dem Baby vorneweg. Eine der Paten trägt das Gevatterstück und versucht das unterwegs „an den Mann zu bringen".

Von einem im häuslichen Ofen gebackenen großen runden Kindtaufkuchen wurde ein Dreieck herausgeschnitten. Und man hoffte nun auf dem Weg zur Kirche das Gevatterstück los zu werden. Klappte das nicht, war das kein gutes Zeichen. Doch das passierte nur ganz selten – wenn überhaupt,

Denn Erwachsene und Kinder standen bei dörflichen Ereignissen immer auf der Straße. Es passierte ja sonst nichts. Die Erwachsenen interessierten sich für die Gevattern, wer wohl als Pate auserkoren wurde, und die Kinder spitzten sich auf's Gevatterstück. Sollte ein kleines Mädchen getauft werden, bekam ein kleiner Junge auf der Straße das Gevatterstück, und umgedreht konnte sich nun ein kleines Mädchen freuen und das Gevatterstück heimtragen.

Für die Dorfjugend bedeutete eine anstehende Hochzeit von jeher ein schweres Stück Arbeit – eine Ehrenpforte musste gebunden und aufgestellt werden. Dafür müssen als erstes zwei hochgewachsene Fichten und Berge von Reisig aus dem Gemeindewald geholt werden. Für die Feinarbeit sind auch heute noch die jungen Mädchen zuständig. Mit Buchsbaum und vielen kleinen Röschen aus rosa Krepppapier wird Abend für Abend gebastelt. Alles muss perfekt sein, bis das traditionelle Kunstwerk entstanden ist – die Ehrenpforte.

Nun kann sie am Polterabend von der Dorfjugend aufgestellt werden. Sie bekommt ihren Platz vor dem Hoftor im Hochzeitshaus. Jetzt kann gepoltert werden. Alles, was niemand mehr braucht – beschädigtes Porzellan erfüllt noch einen Zweck – es poltert gegen das bretterne Hoftor im Hochzeitshaus. Gegenstände aus Glas dürfen nicht dabei sein, denn „Glück und Glas, wie leicht bricht das".

Der Brautvater übergibt nun der Jugend einen runden frischgebackenen Hochzeitskuchen, eine Flasche Schnaps und das dazugehörige Geld, das anschließend in der Dorfschenke umgesetzt werden darf. Kam einer der Brautleute aus einem anderen Dorf, gab es auch dort einen Polterabend mit Ehrenpforte. Erst am Hochzeitstag früh trafen sich Braut und Bräutigam im Hochzeitshaus – das war immer bei den Brauteltern.

Von nun an beginnt der Ernst des Lebens, versichern die „Alten", und ein völlig neuer Lebensabschnitt nimmt seinen Lauf. Neben der schweren Arbeit auf dem Bauernhof kommt noch die Kinderbetreuung für das junge Paar hinzu. Und von kleinen Kindern war mancherorts die Stube voll. Aber zum Glück gab's noch die ältere Generation im gemeinsamen Haushalt, dazu Gesinde und mancherlei Helfer.

Eine breite Holztreppe führte hinauf in die oberen Kammern: die große Oberstube, die Wurstkammer, die Mehl- und Kuchenkammer und die Gesindekammern. Und davon gab's in manchen Bauernhäusern der Einfachheit halber nur eine, was nicht selten ein böses Ende nahm… Erst seit den dreißiger Jahren des 20. Jahrhunderts schliefen Mägde und Knechte getrennt.

Dorfleben seinerzeit

Mitten im Dorf steht es, unser Jahrhunderte altes Bauernhaus. Einst mühsam aus Feld- und Lehmsteinen erbaut, wurde es immer vom Vater auf den Sohn vererbt. Hier wurden die Vorfahren geboren, hier lebten sie und hier endete ihr Dasein.

Nach ihrem Tod wurden sie noch drei Tage im Seitengebäude aufgebahrt. Wer wollte, konnte die Toten betrachten und Abschied nehmen bis zum Tag der Beerdigung. Generationen trug man vom Hof, hinauf auf den kleinen Hügel, den Gottesacker, zur Grabstelle nahe am Dorfeingang.

Das Gotteshaus – eine kleine Zwiebelturmkirche – gehört mit seiner einzigartigen Kachelmalerei an den Emporen zu den schönsten der ganzen Umgebung. Einem holländischen Gefangenen – einem Kachelmaler – zur Zeit des Siebenjährigen Krieges war es gelungen, diese bewundernswerte Malerei in verschiedenen Blautönen an den Kirchenemporen anzubringen. Dank seiner künstlerischen Leistung konnte er sich aus der Gefangenschaft freikaufen.

Unser Bauernhof und die Dorfkirche

Unterwegs zur Feldarbeit an den Bauernhöfen vorbei

Auf der Höhe des Kirchberges bietet sich ein bezauberndes Landschaftsbild. Hinter dem Tal, in dem das in den Jahrhunderten gewachsene Dörflein mit seinen roten und blauen Dächern liegt, leuchtet die Natur in all ihrer Farbenpracht. Blühende gelbe Rapsstreifen zwischen grünen Wiesen und braunen Ackerbreiten – und in der Ferne der uns so vertraute Wald, der kurz vor einem Regenguss noch näher erscheint. Und am oberen Hang hinter nunmehr zerbröckelnden uralten Mauern lebte die Adelsfamilie im stattlichen Herrenhaus auf dem von mächtigen Kastanien eingeschlossenen Rittergut. Diese Kastanienallee gibt es noch heute.

In der Mitte des Dorfes gab es immer drei Dorfteiche und die Gemeindebrunnen, die teilweise noch heute genutzt werden. Alte Lindenbäume und große Trauerweiden belebten einst die Dorfmitte in malerischer Idylle.

Überall spürt man den Frühling. Auch der Storch ist eingezogen. Er bringt das *freudige Ereignis* in die Großfamilie der Vorfahren. Das war im April 1902, die kleine, zarte Ella kam auf die Welt. Zwei Jahre später krähte schon Klein-Willy, mein Vater, in der Wiege. Viel Freude hat der kleine Kerl nicht angerichtet und meine Großmutter, die Ida, meinte nur: „Su e Malleur!"

Abends traf man sich gern auf der Sommerbank bei der lebensfrohen Ernestine – da war's am schönsten. Da gefiel es auch meiner Großmutter Ida – und huschhusch war sie zum Tor hinaus. Hier erfuhr man alle Neuigkeiten. Als Dorfschneiderin, mit angeborenem Silberblick, war Ernestine bestens informiert. Dabei hatte sie immer gemischtes Publikum auf ihrem altersschwachen Kanapee sitzen, und so erfuhr sie manches, während sie mit einem Auge die Nadel im Seidengewand auf der Nähmaschine verfolgte und mit dem anderen gewohnheitsmäßig durch die Fensterscheibe schielte. So entging ihr nichts vom Dorfgeschehen, aber von dem, was Ernestine zusammenschneiderte, passte auch nie etwas wirklich richtig. Also: „Und wo's net passt, do steckt ne Nodel nein." Den praktischen Rat hatte sie für alle parat. So hat's nicht nur die Großmutter Ida erlebt, auch andere haben es erzählt.

Aber wenn die Pauline im Sturmschritt durchs Dorf eilte, da stöhnte die Großmutter jedes Mal: „Su e Malleur!" – das war nämlich die Hebamme.

Und damit die Ida nachts Ruhe fand, schaukelte mein Großvater die Wiege – mit einem ans Bein und die Wiege gebundenen Strick.

Dabei hatte der Großvater schon genug am Hals, hatte sich um die gesamte Wirtschaft zu kümmern, hielt alles auf Trab, ein fleißiger Bauer mit der Stimme eines Wüstenkönigs – so sagten's die Leute. Ja, laut und poltrig war er, mein Großvater, dazu groß und stattlich, und Zeit hatte er nie. Aber er war sehr gut, und schreiben konnte er wie gestochen.

So manch einer hätte was von ihm lernen können, aber der Großvater konnte niemanden etwas lehren: *Entweder man kann es oder man kann es nicht.* Wenn es sein musste, schob er den Knecht ungeduldig beiseite: „Gieh wag, das kannst du emol net!“ Denn er machte am liebsten alles selbst. Für großartige Erklärungen hatte er keine Geduld.

Die Familie wächst

Im Jahr 1911 hatte sich der Pummel, das dritte Kind, angemeldet. Er wollte auch noch auf diese Welt kommen. Und das war das Schlimmste, was der Großmutter passieren konnte. Verzweifelt stöhnte sie vor sich hin: „Su e Malleur.“

„Mir lassen den Storch net rein, mir stopfen enfach de Feueress zu“, tröstete mein Vater, der kleine, kluge Willy. Es wurde nämlich immer erzählt, der Storch fliegt durch die Luft und wirft die Babys zur Feueresse rein, so dass sie unten im Haus ankommen. Und das sollte vermieden werden.

Doch der kleine Pummel ließ sich nicht aufhalten, schon Monate vor der Zeit schmiss er die Hebamme aus dem Bett. Mit der Wiege unterm Arm polterte der Großvater geschäftig die Oberbodentreppe runter. Vorsichtig packte die Hebamme das zerbrechliche kleine Wesen in feine weiße Watte und legte es behutsam in die weichen Federkissen. Der kleine Kerl soll keine Schönheit gewesen sein. Und wie ein Lauffeuer ging die Kunde durchs Dorf: Ein winziges, noch unfertiges Kindlein, ganz klein und hässlich, ist auf die Welt gekommen. Und es lebt sogar – aber wie lange noch?

Die Nachbars Caroline streckte früh beizeiten ihren neugierigen Kopf zum Hoftor rein: „'s wird erzählt, ihr habt su e sehr klee Kind“, und im Handumdrehen war sie auch schon im Obergeschoss und stand neben der Wiege vor Großmutters Bett. „Ein hoffnungsloser Fall“, winkte die Caroline ab. „Do schafft nar Backmahl rein.“ Warmes Backmehl wurde gebraucht, damit die Festtagskuchen gelingen. Tage vorher stand's schon in der Holzmoller am

oben: Sonntagsspaziergang, in der Mitte Tante Ella mit Sohn Reiner, rechts daneben meine Mama mit mir

unten: der Onkel Fritz

warmen Ofen, denn in der Mehlkammer war es kalt. Die Caroline hatte nämlich gleich an die Begräbniskuchen gedacht. Aber da hatte sie sich gewaltig geirrt. So schnell ließ sich der Pummel nicht unterkriegen. Und es war wie ein Wunder, denn kein Mensch hätte geglaubt, dass dieses jämmerliche kleine Etwas auf der Welt bleiben würde.

Und weil sein Leben wie ein Wunder begann, wurde Fritz auch so behandelt, und das merkte er beizeiten! Dick und fett gefüttert, wurde er kugelrund. Rührei mit Bratwurst war seine Lieblingsspeise. Möhren, Kraut und Kohl, das alles hat unserem Fritz nicht geschmeckt. Und weil er immer runder und pummliger wurde, nannten ihn alle nur den Pummel. Bei seinem Namen, Fritz, riefen ihn nur die wenigsten. In aller Kürze stellte sich die böse englische Krankheit, Rachitis, ein und sein Buckel wurde mit den Jahren immer größer.

Drei kleine Kinder im Haus – da möchte man schon beizeiten an deren Zukunft denken. Meine Oma Ida überlegte nicht lange und der Plan war fertig: Der Große, mein Vater, der wird mal sehr gescheit, der muss studieren. Der kleine Pummlige, mein Onkel Fritz, der wird der Hoferbe, so hatte sich's die Ida in ihrem geliebten Korbstuhl sitzend überlegt. Aber was sie mit der kleinen Ella vor hatte, das ist noch heute kaum zu glauben.

In Trannroda – eine halbe Tagesreise mit dem Pferdegeschirr entfernt – lebte die Tante Frieda mit ihrem Ehemann. Mit Magd und Knecht bewirtschafteten sie ihren Hof, der recht gut in Schuss gewesen sein soll. Eigentlich fehlte es der Tante an nichts, außer einem Erben für die Wirtschaft. Doch das sollte sich bald ändern, hatte sich meine Großmutter Ida in ihrem Korbsessel überlegt. Und ohne großes Federlesen wurde die kleine Ella nach Trannroda in Tante Friedas Bauernhaus gesetzt, ob sie nun wollte oder nicht. Danach wurde nicht gefragt. Sie war ja schon fünf Jahre alt und sollte in ihrer neuen Heimat, wenn es so weit ist, die Schule besuchen. Auf alle Fälle sollte sie sich schon im zartesten Kindesalter an ihr neues Zuhause gewöhnen.

Vor allem würde sie eines Tages den Hof erben, sie war versorgt und zwar recht ordentlich, was wollte sie mehr? Eine Horrorvorstellung war das für mich, wenn mir meine Tante Ella später davon erzählte, denn ich war überzeugt: Meine Mama hätte mich nie hergegeben!

Doch nach einem reichlichen Jahr wendet sich das Blatt ganz plötzlich. „Über Nacht kann's anders werden", wie recht hatte unser Pummel. Großmutters Tante hat sich's anders überlegt. Ihr Ehemann stirbt, Hals über Kopf verkauft sie Haus und Hof, zieht in eine wunderschöne Villa nach Bad Blankenburg – und Klein-Ella wird wieder heim geschickt …

Es dauerte nicht lange, und mein Vater wurde aufs Gymnasium geschickt. Er zog nach Schleiz zu einer Familie Sonntag mit Familienanschluss. Und mit deren Tochter Lotte wuchs er auf wie mit einer Schwester. Am Wochenende wurde er mit dem Pferdegeschirr nach Hause geholt, es waren ja nur zwölf Kilometer.

Später wurde mein Vater nach Leipzig geschickt, auf die „Hohe Schule", wie die Großmutter sagte (eine private Handelshochschule, die 1992 wieder gegründet wurde). Er studierte Wirtschaftswissenschaften, und das war vielleicht Großmutters klügste Idee.

Ach Mutter – ach Tochter!

Meine Tante Ella wuchs zu einem sehr schönen Mädchen heran. Sie war zierlich von Gestalt und hatte ein feingeschnittenes Gesicht. Neben ihrer beneidenswerten Schönheit hatte sie Temperament, und in ihr steckte manchmal ein widerspenstiges kleines Biest. Die Ida war sehr stolz auf ihre hübsche Tochter und schickte sie in ein Mädchenpensionat, wo sie neben der Hauswirtschaft auch gutes Benehmen lernen sollte.

Großmutter Ida mit Tochter Ella in unserem Garten

Wir Kinder haben immer große Augen gemacht, wenn sie von den Anstandsdamen erzählte. Und wir kicherten in uns hinein, weil auf der Treppe die Männer vornweg gehen sollen, damit sie den Frauen nicht unter die Röcke gucken können. Heute ist das umgedreht.

Langsam wird es Zeit, dachte meine Großmutter, dass das Töchterlein Ella unter die Haube kommt. Und sie wusste auch schon unter welche.

Den neuen Schulmeister, der erst kürzlich ins Dorf gezogen war, ließ unsere Ida nicht aus den Augen. Das sollte doch keine Hürde für die Großmutter sein, den gescheiten Mann an die passende Frau zu bringen! Da galt es keine Zeit zu versäumen. Eine Einladung zum Sonntagsbraten könnte der Auftakt sein, überlegte sie nicht lange. Und der fremde Junggeselle freute sich der Ehre, die ihm als geschätztem Dorfschullehrer durch die Einladung zum Bürgermeister (meinem Großvater!) erwiesen wurde.

Schließlich stellte er etwas dar mit seiner stattlichen Erscheinung, und wer die Schulmeistersfrau wird, die hat großes Glück. Davon träumte manch eine Bauerntochter, die von früh bis spät in grober Arbeit steckte.

Die temperamentvolle, zarte Ella gefiel dem Schulmeister. Er nahm den Kampf auf und brachte so manches Opfer, um ihr näher zu kommen. Obwohl er Tanzkrawall und Remmidemmi hasste, begab er sich ihretwegen sogar einmal auf den Kirmesball. Doch vergebens rang er um ihre Gunst und den nächsten Tanz. „Die 16. Tour vielleicht", versprach sie, denn für 15 Tanztouren war sie schon vorbestellt. „So weit kann ich nicht zählen", war die schlagfertige Antwort des Schulmeisters, und schnurstracks marschierte er vom Tanzboden.

Des Schulmeisters Mühe fand keinen Lohn – und die Großmutter Ida keine Ruhe. Die temperamentvolle Ella dachte gar nicht daran, schon so bald als biedere Beamtengattin ein tugendsames Leben zu führen, dazu war's immer noch Zeit.

Aber wer nun dachte, hier kommen Mutter und Tochter nie unter einen Hut, der irrte, der kannte meine Großmutter Ida nicht. Denn was die sich in den Kopf gesetzt hatte, das führte sie auch aus. Und das mit Recht, denn die Ella hatte für alle Zeit ein glückliches und zufriedenes Leben.

Es war Großmutters Verdienst, und es war auch ihr glücklichster Tag im Leben, als Töchterlein Ella ihren Einzug hielt in der Dorfschule. Hatte sie doch das Glück verwirklichen können, das ihr selbst einst vorenthalten worden war: die Schulmeistersfrau vom Dorf zu sein.

Großmutter Milda, Großvater Franz, meine Mutter und ihr Bruder Erich um 1910

Der Dorfschulmeister mit Töchterchen Marianne, meine Großeltern und Tante Ella, 1924

Mein Großvater trägt mich auf dem Arm, daneben sein Schwiegersohn, der Schulmeister, 1934

Verliebt, verlobt, verheiratet

Meine Mama als Verlobte um 1932

Nach sechsjähriger Verlobungszeit hatte auch Papas Studentenleben ein Ende. Mit dem Examen in der Tasche stand gleich die Hochzeit ins Haus. Im Frühjahr 1934 holte mein Vater seine junge Braut, das war meine Mutter, zum ersten Mal offiziell ins Elternhaus. Sie sollte die Begräbniskuchen backen und den Leichenschmaus kochen. Die Miene, Papas Großmutter, war nämlich gestorben. Noch im selben Jahr wurde ich in diese turbulente Großfamilie hineingeboren. Und gegen alle Vorstellungen meiner Mutter lebten wir auf einmal alle zusammen. Denn eine Bäuerin hatte die Mama nicht werden wollen, da hätte sie ja gleich einen Bauern heiraten können. Und auf dem Dorf wollte sie auch nicht bleiben, denn sie kannte die schwere Arbeit aus ihrem Elternhaus. Meiner Großmutter Ida war sie zu schmächtig.

Große, derbe Weibsbilder hatten da schon eher eine Chance bei der Schwiegermutter vom Lande. Aber meine Mama war schmal, zierlich und schön. Sie hatte eine besondere Ausstrahlung, in ihrer ruhigen, liebevollen Art spürte man Wärme und Geborgenheit. Die Leute sagten nicht umsonst: „Die Lucia ist viel zu schade aufs Dorf." Mein Vater, der „große Lange", liebte seinen blonden Engel über alles. Er sah unser Leben inmitten einer Großfamilie als vorübergehende Notlösung.

Die blonde Gretel war die kleine Magd. Mit ihren kaum 14 Jahren ist sie in unser Haus gezogen. Sie kümmerte sich um den Abwasch, trug das gehackte Brennholz in die Küche, musste die große Stube auskehren. Und nebenbei brachte sie mir das Laufen bei.

Hulda war die große Magd. Sie war älter, umsichtig und perfekt. Später ist sie abgezogen, weil sie ihren Arthur, den Maurermeister, heiraten wollte. Gleich danach ist die Tegauer Kuni eingezogen; von Tegau war es nur ein

Katzensprung bis zu uns, aber die Tränen kullerten, als käme sie von Australien. Das war mal zur Lichtmess. Da ziehen die Mägde ein oder ab. Da gibt es den Diensttaler und kein Gezeter. Die Magd hatte zu bleiben, wenigstens bis zur nächsten Lichtmess. Zur besseren Eingewöhnung durften die Mütter einen ganzen Nachmittag mit auf dem Hof verbringen, wenn sie das wollten. Mütter und Töchter hatten immer eine enge Bindung.

Die Kuni hatte nah am Wasser gebaut, sie vermisste das Elternhaus. Aber die jungen Burschen spöttelten ironisch: „Siehst wohl die Tegauer Kirchturmspitze nicht mehr?“

Die Kirchturmspitze war immer ein Stück Heimat. Und wenn das Heimweh zu sehr plagte, lief die Magd gar manchesmal übers Dorf hinaus, um wenigstens in der Ferne ein Stück vom heimatlichen Kirchturm erspähen zu können – und gleich ging alles wieder viel leichter.

Aber die Kuni war manchesmal auch ein bisschen verrückt und nahm kein Blatt vor den Mund. Die Jugend amüsierte sich und verpasste der Polterhexe einen Denkzettel. Das war mal zu Pfingsten und nicht ganz rechtens, denn einen „Vuchelbeerbaam“, den hatte sie weiß Gott nicht verdient. Der sieht zwar hübsch und freundlich aus, aber einen „Vuchelbeerbaam“ bekommen nur die „leichten Mädchen“. Für die Anständigen und Wohlerzogenen holen die jungen Burschen am Pfingstsamstag eine unschuldige kleine Birke aus dem Wald. Eine Birke ist eine Ehre. In alten Zeiten schon bedeutete die grüne Pfingstbirke eine Liebeserklärung: „Ich bin dir grün.“

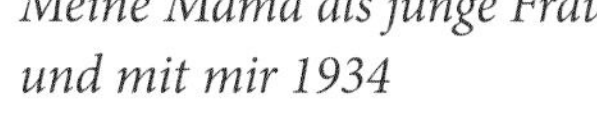

Meine Mama als junge Frau und mit mir 1934

In der Pfingstnacht schleichen die jungen Burschen durchs Dorf, nageln heimlich kleine Birken ans Tor – überall, wo ein junges Mädchen wohnt, als Zeichen der Achtung und Verehrung.

Alltag auf dem Hof

Unsere Gretel beim Mistaufladen. Ich „helfe“ mit.

Jahr und Tag waren vergangen, meine Mutter arbeitete in der Großfamilie, als müsse es so sein: Die hornbeinalte Jungfer Lina und auch die Großmutter wollten verkraftet sein, Magd und Knecht verließen sich auf den Großvater, der dicke Fritze wirkte als Quertreiber dazwischen, und ich lief allen nur im Weg herum. „Mädel komm“, nahm mich dann die alte Lina an ihre welke, dürre Hand und führte mich zum Tor hinaus. Sie nahm mich mit „zu Dorfe“. Am liebsten setzte sie sich zur Ernestine auf die Sommerbank vorm Haus, die Lina erzählte gern und kümmerte sich um alles, was im Dorf passierte. Das Rheuma hatte ihr den Rücken krumm gezogen und in meinen Kinderaugen ähnelte sie immer mehr den buckligen Hexen aus dem Märchenbuch.

Eines Tages war Papas Garage mit grünen Fichtenbäumchen feierlich geschmückt. Die Lina lag da – aufgebahrt in ihrem guten schwarzen Kirchgangskleid, zwischen glänzenden weißen Seidenkissen, und alles war so schrecklich gruselig. Ich war kaum vier Jahre alt und verstanden habe ich nicht, was da passiert war. Aber noch nie hatte ich die Lina mit so vielen bunten Blumen gesehen, denn alle Leute aus dem Dorf brachten Fichtenkränze mit vielen bunten Papierblumen.

„Kochen tue ich nicht gern“ – das meinte meine Großmutter ernst. Dabei rannte die Mama schon wie ein Zauberlehrling von früh bis spät. Nebenbei hat sie noch das ganze Haus bekocht. Das hat ihr sogar Spaß gemacht, denn sie hatte es beim Schwanenwirt in Schleiz gelernt, als sie mit kaum 17 Jahren in sein kleines Hotel kam. Jeden Abend schrieb sie auf, was ihr der

… bei der Heuernte

Schwanenwirt am Herd gezeigt hatte. So entstand ihr handgeschriebenes Kochbuch, vor allem in den Wintermonaten, denn im Sommer wurde sie wieder daheim auf dem elterlichen Hof gebraucht.

Von meiner Großmutter Ida gibt es auch ein handgeschriebenes Kochbuch, aus der Zeit, als sie die Ronneburger Haushaltsschule besuchte. Ich glaube kaum, dass sie da jemals wieder hineingeguckt hat.

Für die Großmutter war es ein Glück, dass die Mama so geschickt und fleißig war. Der Großvater schätzte sie wegen ihrer freundlichen, zurückhaltenden Art, ihrer Güte und Bescheidenheit. Fleißig und flink scheute sie sich vor keiner Arbeit, und vom ersten Tag an war sie die Perle im Haus.

Nur bei schlechtem Wetter sah ich die Mama mal in der Stube sitzen, vor ihrer Nähmaschine Berge zerrissener Wäsche vom ganzen Haus. Die Großmutter strahlte in ihrem Korbsessel daneben: „Wie tüchtig ist doch unsere Lucie – alle drei Männer sind heute bei dem Sauwetter zu nagelneuen Barchenthemden gekommen.“ Sie hatte ja das Weißnähen gelernt. Das gehörte neben dem Kochen und Backen zu ihren Lieblingsbeschäftigungen, für die leider nur nebenbei Zeit war.

Zur Heuernte spannte der Großvater die Pferde an, ich setzte mich wie gewohnt neben die Mama auf den großen Leiterwagen und unsere Beine baumelten herunter. So schaukelten wir die Feldwege entlang, über Stock und Stein, bis wir auf der

Großvater Louis wie immer im Sturmschritt

Wiese angekommen waren. Unser Fritz hatte schon das Heu zusammengeschleppt mit dem breiten Pferdeschlepprechen und der klapprigen alten Lotte, die nur für leichte Arbeiten aus dem Stall geführt wurde.

Die Mama blieb gleich auf dem Leiterwagen. Sachgemäß musste sie das Heu bauen, damit die Fuhre heimwärts nicht umkippte. Die fixe Lene schleppte die letzten Heuhalme mit dem Handschlepprechen zusammen. Die Mama mit hochrot erhitztem Kopf kletterte vom Leiterwagen, das leichte Sommerkleid klebte an ihrem zierlichen Körper. Die Hitze war unerträglich, und meine neue Puppe lag zerquetscht auf der Wiese. Sie war ein Geburtstagsgeschenk von meinem Vater, ich hatte sie gerade erst bekommen und mit ins Heu genommen. Geburtstagsfeiern gab es damals nicht, dafür war keine Zeit. Erbarmungslos hatte mein Onkel Fritz die Geburtstagspuppe überfahren. Für ihn war es nur ein Spaß, als es knirschte und prasselte. Er hatte mit Kindern nichts im Sinn, und ich stand ständig mit ihm auf Kriegsfuß.

Unsere Reise an die Nordsee

Einmal sind wir sogar verreist, die Mama und ich, nur die Tante Gerda haben wir mitgenommen, Mamas neunzehnjährige Schwester. Wir waren in Wieck auf der Insel Föhr. Das war im August 1939, ein sagenhaftes Erlebnis für mich als kleines fünfjähriges Mädchen. Ich kannte niemanden, der eine

In Wieck auf der Nordseeinsel Föhr. Die Einheimischen im Sonntagsstaat.

Unser unvergesslicher Badeurlaub in Wieck 1939

Vier Mutige im „tiefen Wasser“

so weite Reise gemacht hätte. Das war damals nicht üblich.

Aber eine gute Bekannte, die Wirtin vom Aumaer Markthotel, war alle Jahre mit Tochter Irmgard an der Nordsee „und heuer nehmen wir euch mal mit in die Sommerfrische an die See.“ Das war eine wundervolle Idee!

Mein Vater wollte nichts mit dem Wasser zu tun haben. Er liebte die Berge und fuhr mit einem guten Freund und Berufskollegen in die Alpen. Und so trennten sich unsere Urlaubswege.

Der Strand war dünn besiedelt und manches Mal waren wir ganz allein im Wasser. Wir taten so, als könnten wir schwimmen. Aber ein Bein behielten wir immer unten und als uns die Tante Gerda fotografieren wollte, gingen wir gleich in die Hocke, dass nur noch der Kopf rausguckte. Die Mama meinte: „Nun denken alle, waren die aber tief im Wasser!“ Und niemand sah uns an, mit welchem Respekt wir uns vor der mächtigen Nordsee fürchteten. Aus den auch geplanten Schifffahrten und Flugplatzbesichtigungen wurde nichts – Kriegsstimmung lag in der Luft, und wir kehrten eilig zurück.

Daheim wurden wir schon ungeduldig erwartet. „Es wird Zeit, dass ihr kommt“, sagte die Großmutter, „es gibt Krieg.“ Und zwei Wochen später begann der Zweite Weltkrieg.

Der Papa zog in den Krieg. Schweren Herzens haben wir ihn an den Zug gebracht, die Mama und ich. Und heimwärts haben wir nur geweint.

Dem Storch nachhelfen?

Ich habe sehr darunter gelitten, dass ich keine Geschwister hatte. Haufenweise gab es Kinder im Dorf, aber immer nur bei anderen Leuten. „Wir haben keine Zeit, den Storch zu bestellen", sagte die Mama. Deswegen wollte ich's in die Hand nehmen, denn Zeit hatte ich. Jedes Neugeborene wollte ich kaufen, aber keiner gab mir seines.

„Bei Grusens ist schon wieder der Storch eingezogen", erzählten sich die Erwachsenen bei Tisch. „Na, su e Malleur", lamentierte die Großmutter. Mir blieb der Bissen im Hals stecken vor lauter Neid. Ausgerechnet bei denen! Wo die doch schon genug hatten, die brauchten keins mehr. Das würde ich mir holen! Aber erst, wenn's finster ist, da sieht mich niemand.

Die Mama sollte mir helfen, die lange Leiter an Grusens Schlafkammerfenster zu transportieren. Dort schlief das kleine Mädchen in dem großen Wäschekorb. Alle lachten über meinen Plan. Ich wusste nicht, was es da zu lachen gab. Auf eines mehr oder weniger wird's bei denen nicht ankommen.

Der Storch musste persönlich aufgesucht werden, das war mir nun klar. Und wo der wohnte, das wussten alle Kinder im Dorf. Unten am Mahlteich hatte er sein Nest. In meiner Phantasie sah ich den Storch am Mahlteich sitzen, in einem weichen Nest, umringt von vielen süßen Babys. Diese meine Märchenwelt möchte ich nicht missen und ich glaube kaum, dass mich ein heute übliches Ultraschallbild so fasziniert hätte. Der Papa meinte nur, die Störche flögen früh beizeiten aus. Aber das habe ich alle Tage verschlafen, denn einen Wecker hatten wir nicht. Wir brauchten auch keinen.

Der Großvater stand als erster früh auf, schürte den Küchenofen an, damit das Wasser fürs Viehfutter heiß wurde. Anschließend schlug er mit seinem Stiefelknecht in voller Wucht auf die derbe Holztreppe. Da sprangen aber alle aus ihren Betten! Nur die Großmutter, die kam noch lange nicht. „E Leben lang habe ich dir nu alle Toche n Ufen angeschürt", polterte der Großvater und wedelte geschäftig mit den Armen, wenn seine Ida gemütlich die Treppe herunter kam.

„Na do haste a satt Holz verbrannt", war ihre schlagfertige Antwort. Sie ließ sich nicht unterkriegen.

Kindheitserinnerungen

Der Papa, als Diplom-Kaufmann, fuhr vor dem Krieg alle Tage früh mit dem Auto aus dem Haus. Er gehörte zu den wenigen, die damals ein Auto fuhren, aber er brauchte es für seinen Beruf. Wenn ich schon wach war, erzählte er mir noch kurz ein Märchen. Das war meist *Hans im Glück*. Die Großmutter hingegen liebte feine Prinzessinnen und reiche Königssöhne. Ihr Märchen war Dornröschen.

Mein Vater mit mir auf unserer Auffahrt zur Scheune, 1937

Ansonsten hatte die Großmutter wenig Geschick, Großmutter zu sein. Sie lebte am liebsten ihr eigenes Leben, so wie's ihr in den Sinn kam. Und wenn sie zur Kaffeezeit ihr Lieblingsgebäck, den berühmten Kalten Kuchen, genüsslich in sich hineinstopfte, blieb mir nur das Zugucken. Die Mama musste das zarte Blättergebäck extra für die Großmutter backen, sie aß es besonders gern.

Wie oft bin ich um den altmodischen Kleiderschrank geschlichen, hinten in der letzten Kammer, und habe mir die Nase platt gedrückt. Denn eingeschlossen zwischen Wintermänteln und Strohhüten duftete der Kalte Kuchen lecker und verführerisch durch alle Ritzen. Doch der Schlüssel steckte in Großmutters Schürzentasche. Genauso hat es auch meine um zehn Jahre ältere Cousine, des Schulmeisters Tochter, erlebt. Auch ihre „guten Äpfel" hat Großmutter eingeschlossen. Viele sind's nicht gewesen, sie hatten alle Platz in ihrem alten, ausgefransten Strohhut. Aber der Duft von Äpfeln und Kaltem Kuchen zog noch durch den Schrank, als die Großmutter schon lange tot war.

Manchmal hatte ich aber auch Glück. Bei Schlenderleins war der Zaun kaputt, und der Herbstwind hatte mir schon wieder eine *Gute Luise* vom Baum geschüttelt, der auch ganz oben am Hang thronte mit seinen großen süßen Birnen. Die hatten's mir angetan, die Birnen in Nachbars Garten. Und es reizte mich immer wieder, durch den kaputten Zaun zu kriechen. Allein aber hätte mir die *Gute Luise* gar nicht geschmeckt: Gut versteckt auf Mamas Wäscheschrank wartete unser kleines Bettgeheimnis den ganzen Tag auf jenen Moment, wenn wir zwei am Abend ganz alleine waren und die Mama der riesigen Birne mit dem scharfen Küchenmesser zu Leibe rückte. Der Saft tropfte auf die grau gestrichenen Holzdielen in unserer kleinen Schlafkammer. Und weil der Papa im Krieg war, durfte ich neben der Mama in seinem Bett schlafen. An lauen Frühsommerabenden lagen wir manchmal noch lange wach und haben dem lauten Gequake der liebeslustigen Frösche zugehört, die in Scharen am Rand des nahen Dorfteiches hockten. Der Mama hat die Quakerei gefallen: „Das ist das Froschkonzert", sagte sie jedes Mal.

Auch die jungen Mädchen trafen sich an schwülen Sommerabenden. Sie bildeten untergehakt eine lange Reihe, so breit wie die Straße war, und zogen singend immer wieder ums Dorf, bis es dunkel wurde. So lange lehnten auch wir beide auf der breiten Fensterbank und hörten zu. Das war immer ein kleines Erlebnis.

Aber früh herrschte schon wieder ein ganz anderer, rauer Ton im Haus. Unsere Magd Lene war nämlich ein ganz ausgefallenes Sonderexemplar. Sie war plump, laut und neugierig, aber gearbeitet hat sie wie ein Pferd. Sie stammte aus dem Oberland und ihre Heimat erreichte sie nur mit dem Zug. Als die große Magd im Haus war sie der reinste Ochsenknecht. Ganz gekonnt, mit viel Geschick und lautem Geschrei bugsierte sie die sturen, rotbraun gescheckten Ochsen aus dem Stall, als müsse das so sein. Sie spannte selber an und kutschierte mit beneidenswerter Sicherheit das starke Hörnervieh kreuz und quer über den Acker. Dabei war ihre laute Stimme in keinem Winkel des Dorfes zu überhören. Kümmern tat sie sich um alles. Am liebsten um Dinge, die sie gar nichts angingen. Die Lene wusste alles, hatte Augen und Ohren wie ein Luchs.

Großmutters Schätze

Zu den Spitzenzeiten, wenn es die meiste Arbeit gab, hatten wir noch Tagelöhner. Die kamen früh und gingen abends wieder.

„Und ihr zwei müsst das Haus hüten", scherzte die Mama, wenn sie sich von mir und der Großmutter verabschiedete und mit den anderen aufs Feld marschierte.

So war's der Großmutter recht. Sie machte es sich bequem in ihrem derb geflochtenen Korbsessel, der seinen Platz vor der breiten hölzernen Fensterbank hatte, drinnen in der großen Wohnstube. Die Hände ineinander gefaltet, lächelte sie zufrieden vor sich hin. Manchmal kam es auch zum Korbstuhlkrieg. Denn mir hat er auch gefallen, Großmutters schöner Korbsessel. Da konnte ich mich richtig breit machen, sogar meine kleinen Beine hatten noch Platz. Aber lange hat's nie gedauert, und ich bin hochkant rausgeflogen, denn auf die harten, steiflehnigen Stühle wollte sich die Großmutter auch nicht setzen. Die langen, glatt gestrichenen Holzbänke waren gerade gut genug für uns. Aber ein altersschwaches graues Sofa hatten wir doch in der Stube. Es stand vorne am Fenster zum Hof. Das Sofa war Fritzens Lieblingsplatz und das ließ sich unser Pummel nicht streitig machen.

Meine zufrieden lächelnde Großmutter Ida in ihrem geliebten Korbsessel - genau so habe ich sie in Erinnerung.

Ich sitze in meinem Korbsessel, der mir nicht so gut gefallen hat.

Zum nächsten Weihnachtsfest brachte mir der Weihnachtsmann einen hübschen kleinen Korbsessel – wie für mich gemacht. „Damit der Streit aufhört", hat die Mama gesagt. War das eine Überraschung, die war gelungen! Trotzdem stellte ich bald fest, dass Großmutters Korbstuhl mir besser gefiel, er war viel schöner, und ich nutzte jede Gelegenheit. Wir stritten weiter. „Mach dich raus aus meinem Korbstuhl, du hast selber einen", fauchte sie energisch, und der Krieg begann von vorn.

Aber wenn sie ihren ausgedehnten Mittagsschlaf hielt, bin ich oft heimlich hoch in die „gute Stube" geschlichen. Die befand sich neben Großmutters Schlafzimmer und wurde nicht bewohnt. Großmutters Aussteuer und ihr feines, weinrotes Plüschsofa, auf das sich ihr Leben lang niemand setzen durfte, standen darin. Alles sollte immer geschont werden. Manchmal saß ich sogar einen Augenblick darauf und habe das Verbotene genossen. Ich war auch fasziniert von dem aufwändig verschnörkelten Vertiko, das nun schon viele Jahre unberührt dastand. Es gehörte zur Aussteuer von Linda und sollte auch geschont werden. Und drinnen standen wie Soldaten in Reih und Glied ihre lindgrünen prunkvollen Kaffeetassen.

Und gleich neben dem Vertiko, in den Farben etwas verblichen, stand Urgroßmutters Lade, die alte Truhe. Magnetisch zog sie mich immer wieder an. Der große gewölbte Deckel ging schwer auf. Was musste ich mich plagen, und gequietscht hat sie jedes Mal ganz fürchterlich, so als stöhne sie vor sich hin: „Lass mir meine Ruhe." Aber sie ließen mir keine Ruhe, diese Schätze. Die putzigen Hüte und Kappen mit schwarzen Glitzerperlen und neckisch aufgesteckten Tüllschleiern waren richtige kleine Kunstwerke. Voller Freude und Stolz probierte ich sie alle der Reihe nach auf, richtete und zupfte die breiten schwarzseidenen Schleifen und bewunderte mich in dem großen Spiegel hinten an der Wand zwischen den zwei Fenstern. So was trug man längst nicht mehr. Das war alles von früher und gehörte einmal den Vorfahren. Aber in meinen neugierigen Kinderaugen war die alte Lade eine Schatztruhe.

Erste Backerfahrungen

Freitags war immer Backtag, jede Woche. Und weil ich noch nicht zur Schule ging, konnte ich gleich früh voller Eifer dabei sein. Schließlich wollte ich meine Kuchen selber backen. Also setzte ich mich auf die lange Bank, und vor mir auf dem Küchentisch standen Schüsseln und Töpfe mit Quark, Pudding, Mohnbrei, Streuseln und im Winter Gläser mit Beerenobst. Im Sommer gab's frische Beeren und im Herbst hatte der Pflaumenkuchen Hochkonjunktur. Von allem ließ die Mama mir etwas in den Töpfen. Um die kleinen Backbleche, die ich brauchte, hatte ich mich selbst gekümmert. Ich freute mich immer, wenn es Bratheringe gab. Die abgeschnittenen Dosendeckel von ca. 15 Zentimeter kamen mir gerade recht. Sie wurden meine Backbleche. Mit meinem kleinen Wellholz brachte ich den Teig auf die Bleche und zwickte mit den Fingern einen vorschriftsmäßigen Rand um das Blech, damit nichts runter lief von dem saftigen Belag.

Aber so gern sah die Mama meine Backerei nicht, denn es kam vor, dass meine prachtvollen Kuchen nur Unheil im Backofen anrichteten. Sie rutschten plötzlich durch die lange, zweizinkige Einschießgabel, fielen um, waren im Nu verbrannt, und die verklebten Schamottplatten im gemauerten Backofen mussten wieder sauber gemacht werden.

Später kamen dann einfache elektrische Geräte auf, wir hatten auch eines. Man konnte damit Rührkuchen und flache Tortenböden backen. Seitdem erweiterten noch Fruchttorten meine große Backleidenschaft.

Zutaten abzuwiegen und Teig zuzubereiten hatte ich ganz schnell von der Mama gelernt. Alles ging ein bisschen nach Gedanken und Gefühl, denn außer einer großen Dezimalwaage gab es keine kleine Küchenwaage, so etwas kannten wir erst später. Trotzdem hat das meiste geklappt. Die Früchte wurden aufgelegt, und der Guss darüber musste angedickt werden. Es gab nichts dafür, nur Kartoffelmehl, selbst hergestellt. Dafür war meine Oma Milda zuständig. Sie wohnte nur drei Häuser weiter und ich war schnell bei ihr, wenn das Stärkemehl alle war.

Weil sie zweimal pro Woche für viele Leute viele Thüringer Klöße kochte, fiel auch viel Kartoffelmehl an. Das Kartoffelmehl setzt sich von den roh geriebenen Kartoffeln unten in der Schüssel ab. Alles wurde nicht für die Klöße gebraucht, und der Rest wurde einfach in einer Schüssel zum Trocknen auf die Fensterbank gestellt, zwischendurch immer wieder gewaschen und wieder getrocknet, bis es schön weiß war. Dafür hatte die Mama keine Zeit, aber meine Oma war stolz, wenn sie mir damit helfen konnte.

Und über Kostproben von meinem Backwerk hat sich die Oma auch gefreut. Weil sie gleich neben dem Bäcker wohnte, musste sie ihren großen Backofen nicht immer anschüren. So brachte sie jeden Tag einen großen runden Kuchen zu ihm und es gab täglich frischen Kuchen bei ihr. Der hat mir auch geschmeckt.

Eine richtig hohe Buttercremetorte mal auszuprobieren, darauf hatte ich große Lust. Neben den Hefekuchen hat die Mama auch jede Woche einen großen runden Hirschhornkuchen mit in den Backofen geschoben. Das war überall so üblich, der Hirschhornkuchen gehörte dazu. Ich überlegte nicht lange, nahm eine passende Schüssel aus dem Schrank, legte sie auf den kalten Hirschhornkuchen und stach drei gleich große Platten aus.

Aber mit der Creme wollte das nicht so recht klappen. Schlagwerkzeuge gab es nicht, nicht einmal Schneebesen. Ich versuchte es mit einem Quirl, so wie es die Mama immer gemacht hat. Aber mit dem Quirl die Butter glatt rühren, das dauerte sehr lange und mir tat schon der Arm weh. Doch als ich mit dem zu kalten Pudding kam, wurde das Ganze nur ein unansehnliches, mit Butterklümpchen durchsetztes Gemenge. Auf dem warmen Ofen versuchte die Mama das Unglück zu retten. Aber dann ihr guter Rat, der mir noch heute in den Ohren klingt: „Du musst noch einmal von vorn anfangen." Das bedeutete ganz weiche Butter, etwa 50 Gramm, schön glatt zu rühren und dann löffelweise das handwarme Gemisch vorsichtig unterzurühren. Die Buttercreme war gerettet, sie war glatt und sah gut aus.

Nun konnte ich die ausgestochenen Teigplatten füllen. Für die Garnierung teilte ich den Rest der Creme in drei Teile. Einen Teil verrührte ich mit dem knapp bemessenen Kakao, der damals sehr rar war, den zweiten Teil mit etwas roter Kuchenfarbe, der dritte blieb, wie er war. Die markierten 16 Kuchenstücke wurden nun abwechselnd mit Punkten in den drei Farben ausgespritzt, so dass keine freie Fläche blieb. So hatte ich mal eine Buttercremetorte gesehen. Rote, weiße und braune Tortenstücke waren entstanden. Diese Torte ist wirklich unkompliziert, Anfängern sehr zu empfehlen und gelingt immer.

Den beliebten Mohn für Speisezwecke baute unsere Familie selbst an. Wenn er reif war, musste er gut getrocknet werden. Danach rückten wir

Oma Mildas Magd und deren Tochter vor der Friedhofsmauer

Mama und ich mit einer Tafel kostbarer Schokolade im Garten, 1936

Mit dem Dreirad zur Haustür heraus, 1937

den dicken Mohnkapseln mit einem spitzen Messer zu Leibe, und die feinen Mohnkörnchen rieselten in Schüsseln und Töpfe. Naschte man dabei zuviel von den süßlichen Körnchen, wurde man müde, denn auch der Speisemohn enthält Opiate (in geringer Menge). Das tut aber unserem guten althergebrachten Mohnkuchen keinen Abbruch, den haben wir alle „zum Fressen gern".

Meine Freundin Gerlinde und ich vor Großmutter Mildas Hoftor, 1938

Wie viele Thüringer Bauern hatten wir auch einen Karpfenteich auf unserer Hofwiese. Die lag hinter unserem Bauernhof und mitten drinnen der Teich. Den hatte Mutter Natur im Laufe der Jahre selbst bepflanzt mit allerlei wild wachsenden Sträuchern und Büschen, darunter auch Himbeeren, Brombeeren und Holunder. Immer zur Heu- oder Grummeternte nahm mich meine Mama mit auf die Wiesen. Am liebsten war mir die Hofwiese mit dem Teich, denn da konnte ich naschen und noch Beeren mit nach Hause nehmen. Dabei überlegte ich mir, wie es sein würde, wenn ich einmal groß wäre. Dann würde ich die beste Marmelade kochen für meine Kinder.

Das hatte ich doch schon probiert. Ich füllte meine Marmelade in kleine Näpfchen und band sie mit Zellophanpapier zu. Nun hatte ich eigene Marmelade für die Puppenstube, und ich freute mich über meinen Vorrat. Doch nur kurze Zeit später bildete sich eine weiß-grau-grüne Schicht auf meiner Marmelade. „Das ist Schimmel", sagte die Mama, „so geht das nicht. Du musst Salicyl auf die Marmelade streuen, da hält sich alles besser." Dieses Pulver wurde damals viel für die Verbesserung der Haltbarkeit verwendet. Die oberste Schicht nahm man vor dem Verzehr dann einfach weg; es gab ja nichts anderes.

Einmal wollten wir, meine Freundin Gerlinde und ich, „Karpfen" kochen, so wie wir es immer daheim gesehen hatten. Es war Kirmeszeit und die Bauern waren dabei, ihre Karpfenteiche abzufischen, zumindest jene, die einen Karpfenteich hatten. Schließlich war und ist Karpfen mit Thüringer Klößen der beliebteste Kirmesschmaus.

Über Nacht wurde der Teich „gezogen", das Wasser lief langsam ab, und die Karpfen konnten gefischt werden. Ringsum eine Horde Kinder und natürlich waren wir auch dabei, die Gerlinde und ich. Mit unseren kleinen Eimern wollten wir Schmerle holen, ganz kleine Fische, nicht viel größer als Ölsardinen. Es gab immer eifrige Jungs, die mit den Männern durch den Teichschlamm stapften und Schmerle fingen. Einige davon trugen wir heim, als „Karpfen".

Gleich draußen im Hof auf der Milchkannenbank ging's los. Ein ganz fürchterlich lautes Geräusch erschreckte uns plötzlich. Wir rannten auf die Straße und die anderen auch. „Ein Flugzeug ist abgestürzt", schrieen alle durcheinander, „hinten im Wald!" Alles rannte Richtung Wald, wir hinterher. Als wir zurückkamen, hatte die Katze unsere Fische gefressen …

Trauer und Freude im Dorf

Gab es ein Begräbnis im Dorf, nahm mich die Großmutter an die Hand, und wir brachten einen frisch gebundenen Kranz ins Trauerhaus. Den hatte die Mama selber gemacht, aus Fichtenzweigen und vielen bunten Papierblumen. Wir lehnten ihn an den offenen Sarg, der immer in einem mit Fichtenbäumen hergerichteten Schuppen stand, drei Tage lang.

Ehrfurchtsvoll betrachteten wir den Verstorbenen auf den glänzenden, weißen Sterbekissen. Ringsum die Trauernden in tiefstem Schwarz. Die dürre Leichenfrau huschte gespenstisch um den Sarg, richtete noch Blüten und Zweige auf den Kissen und zupfte flüchtig an den feinen, weißen Papierspitzen.

Schließlich kam jemand von den Angehörigen mit frisch gebackenem Begräbniskuchen als Dankeschön für den mitgebrachten Kranz. Jetzt wurde es Zeit, dass wir gingen, denn mit dem Streuselkuchen in der Hand wollten wir nicht länger in den Sarg starren.

Zu Hause schenkte die Großmutter mir immer das ganze Päckchen hausgebackenen Begräbniskuchen, der in Seidenpapier eingewickelt war. „Das kannst du alles alleine essen", sagte die Großmutter großzügig.

Der Eingang zum Friedhof und zur Kirche

Bei Hochzeiten verlief es ähnlich, nur lustiger ging es zu. Alle freuten sich und waren guter Dinge. Die Großmutter schenkte dem Brautpaar einen Blumentopf oder eine Glasschüssel. Dafür gab es dann den Hochzeitskuchen, ebenso schön eingewickelt in Seidenpapier wie die Begräbniskuchen. Den Hochzeitskuchen allerdings ließ sich die Großmutter ganz alleine schmecken. Auf den hatte sie Appetit, denn im Hochzeitshaus gab's keine Leiche, um die tausend hungrige Fliegen tanzten.

Doch einmal hatten wir auch ein lustiges Begräbnis im Dorf, das ist aber schon sehr lange her. Die alte Friedericke war gestorben, hinten in der Flederwischgasse. Zum Begräbnis wurden, wie üblich, sechs starke junge Männer benötigt, die auf einer Bahre den Sarg auf ihren Schultern vom Trauerhaus hinaus auf den Gottesacker tragen mussten. Das war eine lange, beschwerliche Strecke durch das ganze Dorf, an den Häusern vorbei. Die Neugierigen warteten schon ungeduldig und guckten verstohlen hinter den Fensterscheiben, denn gesehen werden wollte man nicht direkt. Da hätte man ja mitgehen können, wie so viele andere.

Nur langsam bewegte sich der Leichenzug in aller Stille auf den holprigen, schmalen Wegen – und der Töpfers Emil wollte auch nichts verpassen. Der rannte gleich mit dem ganzen Kopf durch die Fensterscheibe. Plötzliches Prasseln und Klirren und der Kopf steckte draußen. Was nun? Wieder zurück ging schlecht mit einer Halskrause aus scharfsplittrigem Glas. Es half nichts, Emils „Rübe" musste draußen bleiben. Wie sie alle gelacht haben, die Trauernden hinter dem Sarg, sogar der Pfarrer soll gelacht haben. Das war mal was ganz anderes, und einen so fröhlichen Leichenzug hat es nie wieder gegeben.

Kinderzeitträume

Meine Mama und ich in den Kriegsjahren

Tagsüber, wenn die Mama in der Arbeit steckte, hatte sie wenig Zeit für mich. Es war auch nicht üblich, dass sich alles nur um die Kinder drehte. Wir Dorfkinder wuchsen mehr oder weniger so nebenbei auf. Man gehörte als Kind dazu, war mittendrin, hatte mehrere Kontaktpersonen im Haus und fühlte sich rundherum geborgen. Bei Tisch hatte man still zu sein, ließ die Erwachsenen reden, hörte zu und das war nie langweilig, denn es kam alles Mögliche zur Sprache. Aber ob nun das dürre Heu zum Einfahren taugt oder wer zur Kartoffelernte bestellt werden soll, das hat mich gar nicht interessiert. Doch wenn es darum ging, wo der Storch wieder mal kommen sollte, da spitzte ich die Ohren. Manchmal war das Baby auch schon da und alle waren erstaunt, weil es vorher keiner wusste und weil man auch nichts gesehen hatte … Aber zugehängt mit weiter „Kittelage" sollte auch keiner etwas merken. Einen runden Babybauch zu präsentieren schickte sich früher nicht.

Zwischendurch kam meine Tante Ella geflattert, berichtete von den neuen Kriegsrezepten aus Auma, die beim Kaffeeklatsch ausgewertet wurden, wenn sie sich mit anderen Lehrerfrauen traf. Das war wieder sehr interessant für mich, und ich schrieb mir alles auf. Das wusste die Tante schon.

Meine Mama, meine Cousine und ich im Kinderwagen, 1934

Jeden Abend freuten wir uns auf unser Bett, die Mama und ich. Da konnten wir uns mal alles von der Seele reden, denn manchmal hatte die Mama das Landleben richtig satt. Wenn ihr die Hände vom Kühemelken die ganze Nacht schmerzten, da wünschte sie sich ein Leben in der Stadt. Wir freuten uns darauf. Wenn der Krieg vorbei und der Papa wieder da sein würde, dann würden wir fortziehen. So hatte der Papa es uns erzählt. Das klang wie Musik in unseren Ohren und die Mama schöpfte neue Kraft aus den Versprechungen.

Wie es sein würde, das Leben in der großen Stadt – wir hatten keine Ahnung. Wir sahen's aber beide in den schillerndsten Farben. In meinen Träumen sah ich die Mama immer in meiner Nähe. Die Mama habe ich am meisten geliebt und meine große Puppe, die mit dem festen Porzellankopf und den langen braunen Haaren. Ich flocht ihr die Zöpfe, nähte und strickte Puppenkleider und Jäckchen. Das alles hat mich die Mama gelehrt, sie konnte einfach alles.

Meine ganz große Leidenschaft war der Wald mit seinen Pilzen und Beeren. Schon beizeiten konnte ich die essbaren von den giftigen Pilzen unterscheiden. Die Pilze im Wald ließen mir keine Ruhe. Schon in aller Frühe überlegte ich mir, wen ich wohl heute mit in den Wald schleppen könnte. Meistens war das meine Tante Ella, denn sie hatte die meiste Zeit. (Daher auch die vielen Pilzrezepte in meinem Buch „Thüringer Landküche".)

Besonders glücklich war ich zur Heidelbeerzeit, wenn die Mama sagte: „Heut gehen wir mal in die Beer." Mit Blechkrügen und Einschütttöpfchen um den Bauch gebunden, ging es über holprige Feldwege bis zum richtigen Heidelbeerwald. Denn nicht in jedem Wald wachsen Heidelbeeren. Zur „Halbzeit" gab's eine Pause. Mitten im Heidelbeerkraut sitzend, schmeckten uns die mitgebrachten Butterbrote besonders gut. Dazu ringsum erreichbar das köstlich blaue Heidelbeer„kompott". Krabbelte ein kleines Tier über meine Beine, sagte die Mama: „Ach, das ist nur ein Holzbock!" und befreite mich von der Zecke.

Auf Reisen mit Oma Milda

Zu meiner Oma Milda, meiner Kartoffelmehl-Oma, hatte ich auch ein sehr gutes Verhältnis. Sie hatte immer einen Schokoladenpudding für mich in ihrem Speise-Gewölbe. Und sie nahm mich auch überall hin mit. Sie verreiste öfters mal, auch wenn das niemand gern sah in ihrem großen Bauernhaus. Sie machte sich aber nichts draus und meinte nur: „Die Arbeit reißt nicht aus." Und mich hatte sie auf Reisen gern dabei. Unsere „Reisen" dauerten allerdings immer nur einen Tag, bis auf das eine Mal, als es nach Leipzig gehen sollte. Da haben wir sogar bei weitläufigen Verwandten übernachtet. Auf diese Reise freute ich mich königlich, und Mamas weinroter Strohhut sollte die „Krönung" werden. Er gefiel mir so gut. Aber Mama zu fragen, traute ich mich nicht. Wie oft hatte ich das Paradestück heimlich aufgesetzt und mich im Spiegel bewundert.

Die Mama war immer sehr liebevoll zu mir, aber sie konnte auch streng sein, und Verbote gab es durchaus. Ein Blick genügte und ich wusste Bescheid. Wie verhext sah ich mich in Gedanken schon mit dem roten Strohhut auf der Holzbank im Abteil der Dritten Klasse im Zug sitzen. Stolz und glücklich würde ich am Fenster sitzen wie die feinen Damen, die uns immer so vornehm zuwinkten, wenn der Zug mit seiner schwarzen Dampflok behäbig und schwerfällig durch den Wiesengrund mit den Holunderbüschen an uns vorbeischnaufte. Wenn wir bei der Heuernte waren, freuten wir uns immer darauf, wenn nachmittags der Drei-Uhr-Zug kam. Er brachte uns ein Stück von der Welt. Schweißtriefend bis über die Ohren, im rascheldürren Heu neben der Bahnschiene, beneideten wir die Reisenden. „Haben die's schön!" Und die Nachmittagssonne brannte vom Himmel.

Die letzte Nacht fand ich gar keine Ruhe. Mit dem Strohhut auf dem Kopf hüpfte ich früh glücklich in den Zug. Das Abteil voller Leute, kein Sitzplatz, kein Fensterblick. Da stand ich mit dem sperrigen Hut, überall war er im Weg. Vorbei mein Traum … Leipzig war ein sagenhaftes Erlebnis für mich. In den breiten Schaufenstern gab es Puppen, eine schöner und größer als die andere. Wie lebendige kleine Kinder haben sie mich angelächelt hinter den dicken Glasscheiben. Solche Puppen hatte ich noch nie gesehen und hartnäckig bestand ich darauf, dass mir Oma Milda eine der traumhaft schönen Puppen kaufte. „Das sind Schaufensterpuppen, die kann man nicht kaufen", wurde die Großmutter ungeduldig. „Wenn wir noch länger vor dem Schaufenster stehen bleiben, dann merken bald alle, dass wir vom Dorf sind." Das wollten wir nämlich nicht. So war's uns schon mal in Plauen ergangen, als plötzlich eine Frau aus einem Fenster spöttelte: „Die seie vom Dorf." Und das nur, weil wir auf der Straße laut gelacht und erzählt hatten. Das ärgerte meine Oma Milda sehr und das hat sie auch nie wieder vergessen: *Die seie vom Dorf.*

Schlachtfest beim Schulmeister

Immer, wenn es Herbst wurde und der morsche alte Walnussbaum seine gefärbten Blätter über den Hof verstreut hatte, da war's wieder so weit: Schlachtfest bei Schulmeisters!

Schon früh beizeiten hatte der Großvater eine fette Sau aus dem Stall getrieben und den Schulberg hinaufgeführt. Am Abend traf sich dann die ganze Familie auf der „Schlachtfestschüssel".

Um den langen Ausziehtisch im feinen „Großen Zimmer" standen viele hochlehnige Lederstühle und vor uns dampften die Grünen Klöße auf dem Tisch mit Frischgeschlachtetem in Meerrettichsoße. Auch Schwarzsaures durfte nicht fehlen. Und die Spießrecker zu später Stunde, vermummt in putzige Gewänder, waren das Tüpfelchen auf dem i. Sie kamen ins Haus gepoltert, sprachen kein Wort, denn erkannt werden wollten sie nicht. Sie wollten die Sau fortschaffen mit ihrem Tragekorb auf dem Rücken. Aber eine kleine Leberwurst als „Lösegeld" tat's auch, und sie rückten zufrieden wieder ab. Einen großen Stecken hatten sie immer bei sich und wehe, es trat ihnen einer zu nahe. Dann begann das große Rätselraten. Wer können die gewesen sein? Am Gang oder seinen großen „Latschen" ist schon mancher erkannt worden. Meist waren es gute Freunde oder auch die Nachbarn, die sich und der Schlachtschüsselgesellschaft einen Spaß machen wollten.

Auch des Schulmeisters Programm wurde mit großer Spannung erwartet. Es gehörte schon zur jährlichen Schlachtschüsseltradition. Jeder wollte den besten Platz haben, denn es gab viel zu lachen. Mucksmäuschenstill saßen wir wie die Orgelpfeifen in Reih und Glied, die Vorstellung konnte beginnen. Zwei hochlehnige Stühle nebeneinander gestellt, eine Wolldecke darüber und fertig war das Kasperle-Theater. Wir waren sehr gespannt, was sich der Onkel diesmal wieder ausgedacht hatte. Immer war es ein Lustspiel. Er besaß wunderschöne Stoffpuppen, ausgestopft mit weichem Material. Nie wieder habe ich auch nur ähnliche Puppen gesehen. Alle verkörperten sie unsere Familie und wir sahen uns selbst auf der Bühne. Da kam jeder dran! Schließlich war jedem übers Jahr mal was Kurioses passiert, und der Onkel machte gleich eine Geschichte daraus. Unser Pummel war immer die Hauptperson, denn ständig hatte er etwas angestellt, wo er es mit der Polizei oder sogar mit dem Teufel zu tun bekam. Der Schulmeister hatte einen stattlichen Polizisten und einen grusligen Teufel. Der Teufel war eine schreckliche Gestalt mit seinen Hörnern über der schmalen Stirn, den gräßlichen Augen und dem wilden Gesicht. Dabei zeigte er ständig seine großen weißen Zähne in seinem breitgezogenen Mund. Vor nichts auf der Welt gruselte mir mehr als vor dieser gefährlichen Kasperpuppe.

Schulzeit im Krieg

Der 1. September 1941 war ein trüber, verregneter Tag, und am liebsten wären wir daheim geblieben. Aber ich sollte in die Schule eingeführt werden, und die Mama musste mit mir in den Nachbarort Tegau laufen. Ich erinnere mich noch, dass alles sehr schnell ging.

Als wir daheim in die Stube traten, entdeckte ich meine Zuckertüte auf dem Tisch. Die Mama hatte sie kurz vorher mit Äpfeln und selbstgebackenen Plätzchen gefüllt. Die knappe Zuteilung von Süßigkeiten in der Tüte war kaum der Rede wert.

Einschulung im September 1941

„Die hat der Schulmeister gebracht", sagte die Großmutter. Sie nannte ihren Schwiegersohn öfters Schulmeister. „Er hat sie oben im Schulkeller vom Zuckertütenbaum abgeschnitten."

Eine Schuleinführungsfeier gab es nicht und Geschenke gab es auch keine. Jeder hatte mit sich zu tun in diesen schweren Jahren.

In unserer Dorfschule

Mit dem Ranzen auf dem Rücken vor dem Gartenzaun

Die hiesige Schule war vorübergehend geschlossen. Und so wurde der alte Tiersch, ein gefürchteter Nazilehrer, auf uns Kinder in Tegau losgelassen. Wir fürchteten ihn sehr und saßen starr und steif auf den Schulbänken nebeneinander, wenn er so ernst und zornig über seine Metallgestellbrille schielte. Dabei lief er ständig auf und ab und schob behäbig seinen runden Bauch vor sich her.

Prügel gehörten zum Schulalltag wie das tägliche Brot. Wer nicht spurte, bekam seine Tracht schon vor dem Frühstück oder wurde vor die Tür gestellt. Trotz aller Angst gelang es den größeren Jungs, ihm ab und zu einen Streich zu spielen. Einmal hatten sie eine Zwiebel mitgebracht und rieben den Rohrstock damit ein. Man sagte, der Stock würde dann beim Zuschlagen zerbrechen. Ich weiß nicht mehr, ob das geholfen hat.

Im Sommer, damals, als das Getreide doppelt so hoch auf den Feldern stand wie heute, fürchteten wir uns sehr, dass wir unterwegs auf dem Schulweg der *Roggenmuhme* begegnen könnten, die überall in den Getreidefeldern lauern sollte.

Der damals noch schmale Weg ins Nachbardorf war bis in den Herbst hinein von hohem Getreide umsäumt, und wenn der Wind durch die Roggenfelder rauschte, überkam uns ein ängstlicher Schauer. „Das ist die

Roggenmuhme", hatten die Alten gesagt, und die zieht alle Kinder ins Korn, die sich ihm zu weit nähern. Für uns Kinder war sie ein unheimliches Fabelwesen, die sagenumwobene Roggenmuhme, gesehen hat sie noch niemand, aber gehört haben wir sie alle. Die Erwachsenen sahen darin eine Möglichkeit, die Kinder davor zu schützen, sich in den Getreidefeldern zu verirren.

Weihnachten im Dorf

Immer zu Weihnachten, am Heiligabend, kam meine Oma Milda mit der Tante Gerda über'n kurzen Weg zu uns und wir feierten gemeinsam. Mamas Vater, mein Großvater, war im Ersten Weltkrieg gefallen. Deshalb kam mein Stiefgroßvater in seinem dicken Pelz und der rotbäckigen Larve mit dem langen weißen Bart, stampfte mit lautem Geklingel durch den Hof. Seinen Kartoffelsack, den er über der Schulter trug, schüttete er gleich mitten in die Stube, dass die Nüsse bis unter die langen, gelb gestrichenen Holzbänke kullerten, auf denen wir ringsum saßen. Die ganze Familie mit zwei Großmüttern und zwei Großvätern, mit Onkel und Tante und auch Magd und Knecht blieben eine Weile, bevor sie mit ihren Angehörigen feierten. Einige wenige Male erhielt sogar der Papa Sonderurlaub von der Front.

Unsere Dorfkirche. Der Altar und das Taufbecken

Der Weihnachtsmann bekam noch einen Schnaps, bevor er ein Haus weiterging – wenn er schon einmal unterwegs war in seinem langen, warmen Pelz. Für die Erwachsenen gab es keine Geschenke, das war nicht üblich. Es gab ja auch nichts. Nur die Beschäftigten wurden mit den sogenannten

„Zugehörigen“ beschenkt: neue Holzpantoffeln, Bettwäsche für die Aussteuer, eine Schürze, Wolle für gestrickte Strümpfe und ein Sommerkleid für die Heuernte. Das gehörte dazu.

Und wenn die Mama dann ihren guten selbst gemachten Fleischsalat auftrug, war das Abendbrot für den Heiligabend perfekt. Alle freuten sich auf die große Fleischsalatschüssel mitten auf dem Tisch. Das war damals schon, wie heute noch, eine langjährige Tradition. Ohne Mamas Fleischsalat wäre Weihnachten glatt ausgefallen.

Der Kirchgang bei Einbruch der Dunkelheit in die Lichterkirche ist bis heute das Feierlichste und Schönste der Weihnacht. Jedes Jahr wieder ist sie bis auf den letzten Platz besetzt, unsere hübsche kleine Zwiebelturmkirche oben im Gottesacker.

Wir kennen sie alle, die Weihnachtsgeschichte, hören sie zum zigsten Mal und lauschen doch immer wieder aufmerksam. Die weißen Wachskerzen sind fast niedergebrannt, wenn das letzte, das weltbekannte Weihnachtslied von der Stillen Nacht erklingt. Draußen weht es kalt. Der Schnee glitzert über den Gräbern der Vorfahren, leuchtet in der Dunkelheit, wenn wir alle – ein wenig fröstelnd – still und nachdenklich die Kirchgasse hinunter heimwärts gehen.

Wie freuen wir uns auf die warme Stube, und der Christbaum, umsponnen vom zartesten Engelshaar, strahlt im weihnachtlichen Glanz. Die Mama hat ihn so schön mit vielen bunten Glaskugeln geschmückt, auf den Zweigen sitzen lustige, buntscheckige Vögel mit spitzen Schnäbeln und glänzenden Schwanzfedern. Für mich waren sie immer der schönste Schmuck am Weihnachtsbaum. Der Großvater sitzt am Klavier, und wir hören andächtig zu, wie er seine schönsten Weihnachtsmelodien für uns spielt …

Im Winter

Im Winter, wenn es draußen stürmte und der Schnee eine dicke Decke über Felder und Wiesen ausbreitete, zog in den Bauerngehöften etwas Ruhe ein. Es galt nur noch das Vieh in den Ställen zu versorgen. Die wenigen Wintermonate waren auch die Zeit, in denen die Rockenstuben einluden. Wöchentlich zweimal trafen sich die Bäuerinnen reihum abends in der

Thüringer Winterfreuden mit Schlitten und Puppenwagen …

guten Stube. Man nutzte die Zeit hauptsächlich zum Strümpfestricken für die Männer und Söhne daheim. Wolle war knapp, aber Schafe nicht. Die gab es in den Bauernhäusern, die lieferten die Wolle. Im Winter saß die Mama am Spinnrad und hat die Schafwolle zu feinem Garn gesponnen. Das wurde von der Spule über die Stuhllehne abgewickelt zu einem Strang, tüchtig gewaschen, aufgehängt und getrocknet. Nun konnte die Wolle verstrickt werden. Natürlich gab es Kaffee und Gebäck in der Rockenstube, da wurde man wieder munter und es ging weiter mit Stricken und Plaudern bis in die Nacht. Aber um fünf Uhr morgens war die Nacht, wie jede Nacht, zu Ende. Die Kühe mussten gemolken werden und die Milchkannen zur rechten Zeit auf der Rampe stehen. Das Milchauto war pünktlich, um die Milchkannen zur nahe gelegenen Molkerei zu bringen. Von hier bekamen wir dann Butter, Quark und Käse zugeteilt.

Mussten wir mal in die Stadt, waren wir auf den guten Willen des Milchfahrers angewiesen, damit uns das Milchauto mitnahm. Reisewillige gab's alle Tage, die schon geduldig warteten. Mit warmen Kopftüchern gewappnet, kletterten wir von der Milchrampe auf den LKW-Hänger. Hatte jeder seinen Sitzplatz gefunden, ging die Fuhre ab. Bei guter Sicht unter freiem Himmel wurden wir so nebenbei mit in die Stadt geschaukelt. Das Sitzen auf den harten, wackligen Milchkannen war zwar kein Vergnügen, aber laufen wäre noch unbequemer gewesen. Verschonte uns ein Regenguss oder gar ein Schneeschauer, war das schon ein großes Glück, und an den kräftigen Fahrtwind, der uns die Nasen rot färbte, hatte man sich mit der Zeit gewöhnt. Wer wieder heim wollte, musste die ca. sieben Kilometer zu Fuß gehen.

Von Einquartierung, Volksempfängern und anderem

Die 1940er Jahre hatten angefangen und die ersten Kriegsgefangenen kamen ins Dorf, es waren Franzosen. Der Tanzsaal wurde belegt, man stellte Betten für die Gefangenen auf. Und unten auf der Straße liefen die Wachposten hin und her.

Tagsüber mussten die Gefangenen bei den Bauern arbeiten, so wie man sie den Höfen zugeteilt hatte. Zu uns kam der Bertram – jung, groß, kräftig und den Kopf voller blonder Locken. Er hatte am Küchentisch seinen Platz neben mir. Wenn der Ortsgruppenleiter zur Tür herein kam, haben wir alle gezittert, denn die Gefangenen durften nicht gemeinsam mit uns am Tisch sitzen. Doch wir hatten keine zwei Tische in der Küche. Und der Bertram gehörte gleich mit zur Familie, er fühlte sich wohl unter uns. Der Bertram war ein lustiger 25-jähriger, und er nutzte jede Gelegenheit mit mir herumzutollen. Manchmal schenkte er mir auch Schokolade, die ihm seine Angehörigen aus Frankreich geschickt hatten. Eigentlich durften wir von den Gefangenen nichts annehmen, das war streng verboten. Aber wir hatten Krieg, und die Süßigkeiten waren schon lange gestrichen. Der Mama brachte der Bertram manchmal auch eine Tüte Reis mit, die in einem Paket aus seiner Heimat gekommen war. Daher gab es nun zum Geflügel ab und zu auch mal Reissuppe statt Graupensuppe.

Die Bombenangriffe rückten auch Thüringen näher. Über uns funkelten am Himmel die *Christbäume*, die Markierungslichter für die englischen und amerikanischen Bomber. Die Fenster waren alle verdunkelt und im dreistöckigen eisernen Ofen knisterte das Feuer. Wir saßen auf der halbrunden, braun gestrichenen Ofenbank, Grabesstille in der Stube, und über uns brummten in Scharen die Flieger über die Dörfer und Städte. Auf die Großstädte und die Industrie hatten sie's abgesehen…

„Großangriff auf das Ruhrgebiet", berichteten die Sender, und die jungen Mütter flüchteten mit ihren Kindern auf die Dörfer in Thüringen und Sachsen. Aus Gelsenkirchen kam die Carola mit ihrer Schwester Leni und deren Töchterchen Anita. Alle saßen sie drinnen in unserer großen Stube, auch die drei Rabauken, Carolas Söhne Rainer, Winfried und der kleine,

Vor unserem Gartenzaun mit den „Rheinländern“ aus Gelsenkirchen

zweijährige Günther. Eine der beiden Schwestern wird bei uns bleiben, bis der Krieg vorbei ist. Eigentlich stand es von Anfang an fest und alle waren sich einig: Die elegante Leni – in meinen Kinderaugen ein schönes Schneewittchen mit schwarzem Haar und zartem Gesicht - wäre am besten bei der Müllers Frieda aufgehoben. Und die war auch wirklich begeistert.

Der Carola mit ihrer natürlichen Art, einfach und unkompliziert, würde es leichter fallen mit uns zu leben, als ihrer Schwester. Und Großmutters kritisches Gesicht übersahen wir lieber gleich, bangte sie doch um ihre gewohnte Ruhe. Mir wäre es freilich lieber gewesen, ich hätte alle Tage die schöne Leni bestaunen können.

Ich zupfte an Mamas Schürze und gab ihr zu verstehen, dass die Leni bei uns bleiben sollte. Aber die Mama flüsterte mir leise zu: „Die feine Frau können wir nicht gebrauchen, wenn die dem Großvater in die Quere kommt – du kennst ihn doch.“ Ja, ich kannte ihn – und die Leni konnte gar nicht anders als im Wege stehen.

Also zog die Carola mit ihren drei Kindern und dem großen geflochtenen Reisekoffer bei uns ein. Umsichtig und fleißig half sie der Mama in der Küche. Aber ihre Nachmittage gehörten uns Kindern. Sie schlenderte mit uns durch Wiesen und Wälder und sang wie eine Heidelerche. „Ich ging einmal spazieren, nanu, nanu, nanu“, das hörten wir am liebsten, denn die Verse wurden immer lustiger. Wenn wir am Waldesrand saßen, erzählte

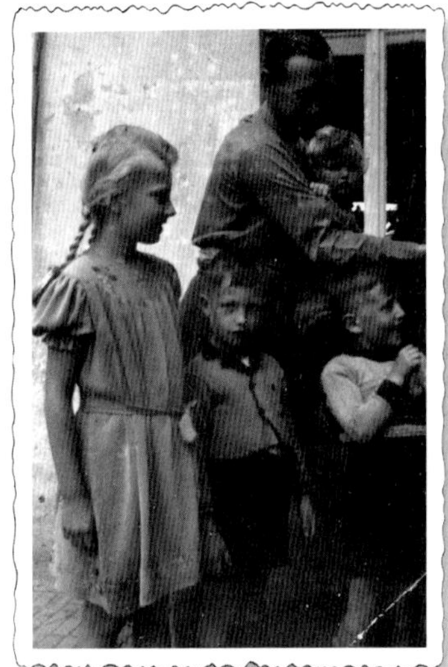

Carolas drei Buben mit einem Kutscher bei Großmutter Milda

sie uns kleine Geschichten. Heimwärts, den schmalen, holprigen Dragensdorfer Weg herunter, durfte ich immer den Sportwagen mit dem kleinen Günther schieben. Da war ich stolz! Und wenn's finster wurde, dann saßen wir wieder zu acht, manchmal auch zu zehnt am Küchentisch und löffelten genüsslich Mamas Grießbrei. Hinterher gab es selbstgebackenes Bauernbrot mit bäuerlichen Belägen. Und weil sowieso die Flieger kommen würden, durften wir aufbleiben und mit den Erwachsenen Karten spielen.

Eines Abends dann, es war gegen zehn Uhr, die Mama saß noch an der Nähmaschine, da passierte das, was niemand für möglich gehalten hatte. Fliegergebrumm über dem Dorf, ein plötzliches Krachen – das kann nur eine Bombe gewesen sein, schrieen wir durcheinander. Das ganze Haus wackelte! Unsere Stubenwand bekam einen Riss. Fluchtartig verließen wir das Haus, rannten durch den Hof und den Garten und legten uns vor Angst und Schrecken in den Hohlweg hinterm Haus.

Es brannte lichterloh, ganz in der Nähe des Rittergutes. Das ganze Dorf war auf den Beinen. Das kleine, zum Gut gehörende Tagelöhnerhäuschen war nur noch eine Ruine. Schwer verletzt kamen die beiden Bewohner ins Krankenhaus. Niemand wusste, wie das passieren konnte. Man vermutete, ein Lichtschein könne sich im Mahlteich gespiegelt haben, der die Flieger irreführte. Das große Gut auf der Anhöhe ließ sie wahrscheinlich ein Fabrikgebäude vermuten.

Meine Großmutter Ida hörte ständig die verbotenen *feindlichen* Auslandssender. Sie wollte wissen, wie es mit dem Krieg weitergeht. Dabei war das streng verboten, denn nur der *Hitlersender* verkündete die Wahrheit. Aber das hat nicht einmal unsere Ida geglaubt. Und sie lauschte weiter ganz heimlich den „feindlichen" Sendern. Die Mama schmunzelte: „Wenn sie nur sonst so auf Draht wäre." Und der Großvater sah sie schon hinter Gittern. Einmal, als sie der Mama beim Brotbacken helfen sollte – der Auslandssender auf Hochtouren, die Ohren gespitzt, die Hände im Brotteig –, da klapperte draußen die Haustür. Aber da konnte die Großmutter springen, quer durch die Stube, und der Brotteig klebte am Volksempfänger, denn erwischen lassen wollte sie sich natürlich nicht.

Großmutter und das Federvieh

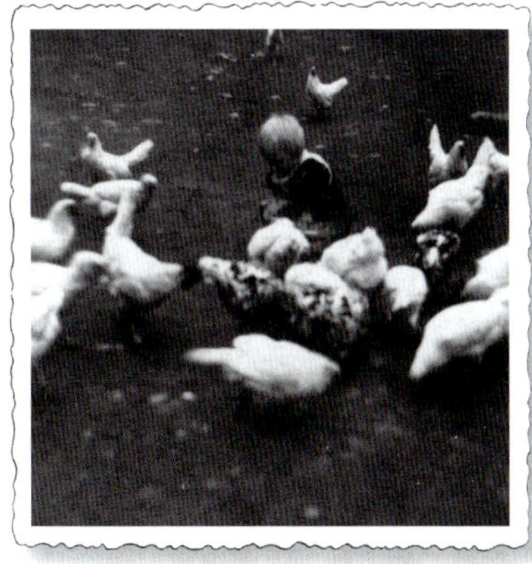
Großmutters Lieblinge: das Federvieh und ich mittendrin beim Füttern

Die Großmutter, das ist nicht bös gemeint, war eigentlich zu nichts zu gebrauchen, und der Großvater war nicht zu beneiden. Wenn ich nur an das Federvieh-Spektakel denke, als einmal um die Weihnachtszeit die Husalte, unsere älteste Hausgans, ihre Federn und dazu ihr zähes Leben lassen musste. Zwanzig Jahre hatte sie auf ihrem gefiederten Gänsebuckel, und das zwanzigste Weihnachtsfest hätte sie beinah auch noch überlebt, hätte der Großvater ihr nicht den Garaus gemacht. Als die älteste Gans im Haus hockte sie nur noch im Strohnest, ganz allein hinten im düsteren Schuppen. „Husalte, komm!", schrie die Großmutter mit lauter Stimme durch den Hof – und die Husalte kam – sie kam schwerfällig den Hof hinuntergewatschelt vor die Haustür. Die Großmutter streute ihr eine Handvoll Weizenkörner auf die Pflastersteine. Und weil die alte Gans nun gerade unterwegs war, schwamm sie noch eine Runde im Dorfteich, bevor sie sich wieder in ihr Strohnest zurückzog …

Und nun schwamm sie im Suppentopf. Die Husalte war ein zähes Leder, länger als zwei Tage kochte sie vor sich hin und wollte ewig nicht weich werden. Schließlich kam sie doch mit selbst gemachten Nudeln auf den Mittagstisch. Die Brühe war gut.

Und die Großmutter bitterböse. Mit dem Koffer und der Eisenbahn ging's nach Bad Blankenburg in Tante Friedas schöne Villa. Das machte sie immer so, wenn was nicht nach ihrem Kopf ging – und wir konnten uns denken, wo sie steckt. Zwei Tage später war sie wieder da und tat, als wäre nichts gewesen. Auch der Großvater Louis war froh, dass seine Ida wieder daheim war. Sie konnten nicht gut miteinander, aber gleich gar nicht ohne einander auskommen. Also bis zum nächsten Mal, wenn es einer überständigen alten Henne an den Kragen gehen sollte.

Das Federvieh war Idas ganzer Stolz. Aber wehe, es ging ans Köpfen, da wurde es jedes Mal dramatisch. Erst wenn der Hahn schon umgefallen war vor lauter Alterschwäche, da meinte sie nachdenklich: „Dan Hohn, dan

Hohn, dan miss mer schlachte." Dabei war der längst im Hühnerhimmel. Mit großen Schritten eilt der Großvater über den Hof, die Axt in der Hand, die Henne unterm Arm. Die Haustür fliegt auf, großes Geschrei: „Du alter Hühnermord!" Aber das stört den Großvater nicht, er hackt der Henne trotzdem den Kopf ab.

Die Mama hat die Henne gebrüht, gerupft und ausgenommen. Dann kam die Großmutter geschlichen und legte ein frisches Hühnerei daneben. „Das zeigst du dem Alten, wenn er rein kommt", flüsterte sie der Mama zu. „Dann ärgert er sich, dass er einer Legehenne den Kopf abgehackt hat." Die Mama schmunzelte über diesen durchsichtigen Spaß. An das närrisch-krawallige Leben bei uns daheim konnte sie sich als eingeheiratete Schwiegertochter in ihrer liebenswert ruhigen Art nur schwer gewöhnen. Bis sie dahinter kam, dass das alles nur Strohfeuer waren, die schnell wieder erloschen.

Fritz und die Frauen

Mit der lustigen Carola war neues Leben und rheinländisches Temperament in unser sowieso schon lebendiges Haus gekommen. Schmal und grauhaarig schon in ihren jungen Jahren von Anfang dreißig, hatte sie nichts als Unsinn im Kopf. Und ständig ist ihr etwas Neues eingefallen.

Unser bequemer Fritze hatte nichts Besseres im Sinn als sein geliebtes Kanapee vorn an der dunklen Stubenwand, auf dem er alle Abende laut und unbekümmert vor sich hin schnarchte.

Von den sturen Thüringern hatte die Carola daheim schon viel gehört, und sie war überzeugt, der Fritze ist einer von denen. Am meisten reizte sie die Weiberfeindlichkeit des humorlosen Pummel. Wie nur könnte man ihm eine Frau besorgen? Vielleicht sollte sie ihm eine backen – oder auch basteln? Und das war die Idee! Aus lauter Spaß an der Freude flickte sie ihm eine Frau zusammen, eine Puppe in Lebensgröße. Ausgestopft mit alten Lumpen, bekam sie noch ihre rundlichen Formen und strahlte wie eine dralle Bauerndirn aus Fritzens dicken Federkissen.

Ahnungslos verschwand Fritz in seiner Kammer, und es dauerte nur Sekunden, da ging ein Riesenspektakel los. Wutentbrannt schleuderte er das Riesenweib die Treppe hinunter.

Weil Carolas Werk so gut und wunderschön gelungen war, ließen wir uns trotzdem die Freude an dem Prachtstück nicht verderben. Wir lehnten die seltsame Dame ins Torhaus an die Wand. Und alle Leute, die zu uns kamen, bestaunten dieses Wunder. Bis dem Fritze der Kragen platzte und er das *Weibsstück* aus dem Haus bugsierte.

Somit blieb unser Fritz zeitlebens ein „Weiberfeind". Einmal geheiratet, kurz ausgezogen und allein wieder heimgekommen – so ist es ihm ergangen.

Fürs Vaterland gefallen

An einem Sonnabend, kurz vor Mittag, passiert das Schlimmste, was einer Mutter passieren kann. Die Kartoffelditscher, gebuttert und gezuckert, stehen auf dem Tisch, als die Carola plötzlich ihren Jüngsten vermisst und, nichts Gutes ahnend, Hals über Kopf aus dem Haus stürzt. Da kommt ihr auch schon der Nachbar entgegen, den kleinen Günther auf dem Arm, tropfnass und leblos. „Er ist in den Dorfteich gefallen!" Die Carola bricht ohnmächtig zusammen. Aber der Nachbar wird zum Lebensretter. Er drückt und presst dem Kleinen das Wasser aus dem Körper, stellt ihn auf den Kopf, und das Kind findet ins Leben zurück. In eine warme Decke gehüllt, legen wir den Kleinen in Carolas Arme und als sie aus ihrer Ohnmacht erwacht, ist sie der glücklichste Mensch auf der Welt. Ein kleiner Schutzengel muss es gewesen sein, der den Nachbars Ernst zufällig hinsehen ließ, als das Kind, am Teichdamm hockend, abrutschte und im Wasser verschwand.

Bei uns war noch kein Kind in den Teich gefallen, denn wir Dorfkinder sahen immer etwas mystisch Geheimnisvolles im Dorfteich und machten einen großen Bogen um ihn. „Da kommt der *Hakelnix* und der zieht euch hinein", warnten die Alten. Vor dem Hakelnix im Teich fürchteten wir uns nicht weniger als vor der Roggenmuhme im Korn, die uns auch nicht wieder frei gibt.

Und mit dem *Nachtbock* wollten wir gleich gar nichts zu tun haben. Schließlich fing der alle Kinder weg, die noch im Dorf herumstromerten, wenn es finster wurde. Die Mama sagte zwar immer: „Den Nachtbock, den gibt's gar nicht." Aber die Müllers Muhme hat immer behauptet, dass es ihn gibt, die muss ihn gekannt haben.

Der kleine Günther hatte ein zweites Leben geschenkt bekommen und die Mutter war dem Schicksal dankbar, konnten sie sich doch gemeinsam auf den Vater freuen, der so überraschend seinen Kurzurlaub angekündigt hatte. Wie lange hatte sie ihn nicht gesehen. Das war noch zu Hause in Gelsenkirchen gewesen. Eigentlich hätte er längst da sein müssen. Aber er kam nicht. Das Warten und die Ungewissheit wurden unerträglich und ließen das Schlimmste befürchten.

Die Mama hatte von einer Kartenlegerin gehört, die alles aus den Karten lesen konnte. Also machten wir uns eines Abends auf und liefen zu dritt ins Nachbardorf. Dort sollte die weise Frau wohnen. Ich durfte mit meinen acht oder neun Jahren dabei sein. Wir stellten uns vor, wie sie wohl aussehen würde, die Kartenlegerin. Als wir dort ankamen, gab es keinen Kater und auch keinen schwarzen Spitzenschleier. Ich war schon ein bisschen enttäuscht. Klein und hutzelig war die Alte und sie erzählte gar vieles, indem sie ihre abgegriffenen Spielkarten auf dem Tisch auslegte. Dabei sprach sie vom Glück in der Abendstunde, von freudiger Überraschung über den kurzen Weg und weiß der Teufel was noch alles. Jedenfalls lauschten wir ihren Worten und reimten uns erleichtert alles so zusammen, wie wir's gerne hätten. Als Belohnung gab ihr die Mama eine Rolle – in Zeitung eingewickelte, frische Hühnereier. Das waren vier Stück, aber für zwei Eier hat sie den Leuten auch schon erzählt, was sie gern hören wollten.

Die Carola lebte sichtlich auf, aber schon wenige Tage später brachen ihre Hoffnungen zusammen, als der Bürgermeister die schlimme Nachricht ins Haus brachte: „Fürs Vaterland gefallen."

Sie wollt's nicht glauben. Wie sollte sie mit all dem fertig werden, wenn schon die nächste Hiobsbotschaft ins Haus schneite? Carolas Mutter war bei einem Fliegerangriff in Wuppertal ums Leben gekommen. Das alles war kaum zu verkraften, denn die Carola hatte ein ganz enges und inniges Verhältnis zu ihrer Mutter. Doch so schwer auch alles war, unsere Carola musste weiterleben – für sich und ihre drei Kinder, die ihr über vieles hinweg halfen. Und das quirlig unruhige Leben im ganzen Haus ließ sie auch kaum zum Nachdenken kommen.

Neues Leben im Haus

Es war Freitag und damit Backtag – wie üblich. Die Hebamme war gekommen, der Storch schon auf dem Dach. In der Küche gärte der Brotteig in zehn kleinen Holzmollern vor sich hin. Die trockenen Blechkuchen waren backbereit, daneben der Stachelbeerkuchen für den Sonntag und der Strietzel, den es gab, wenn wir gar nichts mehr hatten. Aber dass es gleich noch spuken würde, draußen im Backofen, das ahnte niemand.

Die Mama hatte dürres Reisig und grobe Holzscheite sorgfältig auf die Schamottplatten im Backofen verteilt, hielt ein Streichholz darunter und lehnte die schwere, breite Ofentür an. Auf einmal poltert's wie verrückt, die Backofentür fliegt auf, der brennende Kater fliegt durch die Luft und schießt mit einem Satz durch die Glasscheibe vom gegenüberliegenden Flurfenster. Funkensprühend rast er den Hof hinauf und verschwindet Richtung Scheune. Die Mama hinterher: „Um Gottes Willen, der brennt uns noch die Scheune an." Der Kater war verschwunden, bis er Tage später mit versengtem Fell und abgebrannten Schnurrhaaren wieder ins Haus geschlichen kam. Der hat sich nie wieder im Backofen versteckt!

Zwischendurch schrie ein Neugeborenes aus Leibeskräften, direkt über unserer Küche. Die kleine Dagmar war gerade zur Welt gekommen und lag nun in dem hohen, breiten Kugelbett vom Fritze. Der musste seine Kammer räumen, weil hier ein kleiner Ofen stand. Die Else, Carolas hochschwangere Schwester, war aus Wuppertal geflohen und stand auf einmal mit ihrem Koffer und ihrem runden Bauch vor unserer Tür. Auf dass mein Haus voll werde, so gefiel's der Großmutter. An Unterhaltung mangelte es nun nicht mehr. Und ich war glücklich, wenn ich das Baby ausfahren durfte.

Großmutters Tod

„Ich zerkratz' die Wände", schrie die Großmutter oben in ihrer Schlafkammer und ihr Gesicht war quittegelb. Die Galle war's, die ihr so zu schaffen machte. Alle standen ratlos um sie herum. Die Ärzte an der Front, und das Krankenauto kam zu spät. Und so starb sie noch in derselben Nacht im Krankenhaus in Gera.

Das war im August 1944. Wir hatten noch Krieg – und im Garten blühten die Rosen. Es war unfassbar und ein großer Schock für die ganze Familie, dass die Großmutter plötzlich nicht mehr da sein sollte. Damit hatte niemand gerechnet, war sie doch erst Mitte sechzig.

Es war wenig Verlass auf unsere Ida gewesen, und sie war auch keine Bilderbuchgroßmutter, aber hergeben wollten wir sie alle nicht. Sie gehörte mit all ihren Eigenheiten zu unserer Familie.

Um das letzte Hemd, das Totenhemd, hatten sich die Angehörigen zu kümmern. Das lag bereit, denn schon zur Hochzeit hatte die junge Braut für den Todesfall vorgesorgt, dass auch alles klappen möge, wenn es soweit wäre. So blieb der Brautstaat, Brautkleid und Brautschuhe, aufbewahrt, bis sie eines Tages in den Sarg gelegt würde. Das war der Brauch.

Niemand hätte gedacht, dass der Tag schon gekommen war, an dem wir Großmutters schwarzseidenes Brautkleid aus der Lade nehmen mussten und dazu ihre schwarzen Lackschuhe. Alles in einem Koffer zusammen gepackt, brachte Großmutters jüngster Sohn, unser Pummel, den Brautstaat mit dem Zug nach Gera ins Krankenhaus. Zwei Tage später, wenn die Leichenfrau das Einsargen erledigt hatte, sollte die Ida heimgefahren werden.

Ganz oben im Schuppen lehnten schon die grünen Fichtenbäume dicht bei dicht. Still und feierlich hat's ausgesehen, denn wenigstens einen Tag, ihren letzten, wollten wir die Großmutter bei uns daheim haben. Alle standen wir um den Sarg und haben geweint. Auf den Sargdeckel war ein Zettel geklebt: *Bitte nicht öffnen*. Aber die Tante Ella bestand darauf: „Ich will meine Mutter noch einmal sehen." Als der Großvater mit Fritz den Sargdeckel anhob, waren wir alle zu Tode erschrocken, wie würdelos man eine Tote zur letzten Ruhe gebettet hatte. Ohne Kleider, ohne Sterbekissen lag sie im Sarg.

„So können wir die Mutter nicht zu Grab tragen", flüsterten die Erwachsenen mit entsetzten Gesichtern. Die Tante Ella holte das festliche Kirchweihkleid aus Großmutters Kleiderschrank, und die Mama schnitt alle blühenden Rosen im Garten ab und legte sie in Großmutters kalte Hände. Der Großvater steckte unauffällig noch ein paar Groschen in den Sarg, das Reisegeld für den letzten Weg. Das gehörte dazu. Teilweise macht man das heute noch.

Der Papa kam erst ein paar Tage später, nach dem Begräbnis, auf Sonderurlaub. Er konnte es nicht fassen. Wenn er mit allem gerechnet hätte, aber mit dieser schlimmen Nachricht nicht. Er war der Lieblingssohn seiner Mutter gewesen.

Hinter den Fenstern unter der „Trampeli-Orgel“ befindet sich ein Extra-Raum, den die Adligen für den Gottesdienst benutzen.

Wie im Fluge vergingen die wenigen Urlaubstage, der Abschied fiel uns immer schwerer. Jedes Mal, wenn wir den Papa nach Krölpa zum Bahnhof brachten, liefen wir drei immer ganz zeitig los, um noch ein Weilchen für uns zu sein. Unten am Pferenbach, das war die halbe Wegstrecke, haben wir uns am Hang unter einen Baum gesetzt und der Papa hat uns beide, die Mama und mich, an sich gedrückt und geküsst. Wir wussten nicht, ob er aus dem Krieg zurückkommt oder ob es ein Abschied für immer sein wird. Ganz allein standen wir auf dem kleinen Bahnhof. Der Abschied rückte immer näher. Wir unterdrückten die Tränen. „Wir dürfen nicht weinen“, flüsterte die Mama mir zu, „da machen wir es dem Papa noch schwerer“. Es war ein garstiges Gefühl, wenn der Papa in den Zug einstieg. Wir sahen nur noch den langen, grauen Soldatenmantel schwenken, und der Zug ratterte davon. Die Mama hielt mich an der Hand, und wir winkten mit unseren weißen Taschentüchern, bis der Zug unter seiner schwarzen Rauchwolke hinter den Häusern verschwand.

Heimwärts trippelten wir die Bahnschienen entlang und über die Wiesen. Wir haben beide kein Wort gesprochen, wir haben immer nur geweint, auf dem ganzen Heimweg.

Nach Kriegsende

Hier bin ich mit meiner Mama 1939 und wir ahnen noch nichts vom kommenden Krieg.

Ein halbes Jahr später sah's danach aus, als ginge der Zweite Weltkrieg zu Ende – und so war's auch. Die amerikanischen Truppen hatten Thüringen und Sachsen eingenommen, das war im Frühjahr 1945. Im Nachbardorf rollten schon die Panzer, als der bornierte Ortsgruppenleiter den Krieg immer noch gewinnen wollte. In letzter Minute aktivierte er die Mitglieder der Organisation Werwolf und ließ im Moßbacher Weg die stärksten Bäume quer über die Straße als Straßensperre fällen, um den Feind aufzuhalten. Aber die Amerikaner dachten gar nicht daran, über Baumstämme zu klettern und nahmen einen ganz anderen Weg über Dragensdorf. Mamas Stiefvater, der damalige Bürgermeister, hisste auf dem Kirchturm die weiße Flagge. Als die Amerikaner mit vorgehaltener Pistole den Bürgermeister suchten, trat er aus dem Haus – und die französischen Kriegsgefangenen schrieen durcheinander: „Bürgermeister guter Mann!" Sie hatten sich schon alle in seinem Hof versammelt und rüsteten sich für die Heimreise nach Frankreich.

Die Amerikaner steckten ihre Waffen wieder weg – sie hatten erst mal Hunger. Große Mengen Eier und Milch verlangten sie, und der Gemeindediener ging von Haus zu Haus und sammelte die Naturalien ein.

Zum Dorf gehörte ein wunderschönes Rittergut, ganz idyllisch gelegen auf einer Anhöhe, eingeschlossen von mächtigen Kastanien – der Kastanienallee, die gibt es noch. Und die „alte Gnädige" – so wurde sie im Dorf genannt, – das war die alte Baronin. Sie war schon sehr alt und nur gelegentlich spazierte sie ganz langsam durchs Dorf. Dabei trug sie immer einen breiten zartlila Schleier, lässig über Kopf und Schulter gelegt. Solche Sachen merkt man sich als kleines Mädchen.

Einmal steht der Großvater vor dem Tor, während ihn die „alte Gnädige" anspricht: „Haben wir ein Glück, dass die Amerikaner gekommen sind und nicht die Russen." Sie atmet erleichtert auf und der Großvater pflichtet ihr bei, kennt er sie doch gut aus seiner Bürgermeisterzeit vor dem Krieg.

Als die Amerikaner Thüringen verließen und die Russen ihre Stelle einnahmen, begann eine allgemeine Verhaftungswelle. Auch die Rittergutsbesitzer wurden vertrieben. Die „alte Gnädige", die Baronin, wurde auf einem Pferdewagen weggebracht. Es war ein jammervoller Anblick, wie die fast Neunzigjährige durchs Dorf gezerrt wurde. Dabei nutzte man ihre Russischkenntnisse noch schamlos aus, stammte sie doch aus einer russischen Adelsfamilie. So landete die alte Dame schnurstracks im Altersheim in Schleiz. Nur einem glücklichen Umstand war es zu verdanken, dass es der jungen Baronin gelungen ist, in den Westen zu fliehen. Der Rest der Familie wurde verhaftet und später wieder freigelassen. Der junge Baron war im Krieg gefallen.

Kaum waren die Adeligen vertrieben, stürzten sich die Kommunisten auf das verlassene Rittergut, plünderten gewissenlos das Herrenhaus und verkauften Hab und Gut der Adelsfamilie. Das Herrenhaus auf dem großen Gutshof wurde abgerissen und dem Erdboden gleich gemacht. Nichts sollte mehr an feudale Zeiten erinnern. Grund und Boden wurden an Umsiedler aufgeteilt, die mit den Flüchtlingstransporten aus dem ehemaligen Ostpreußen und Schlesien kamen. Als Neubauern errichteten sie sich Häuschen auf dem großen Gutsgelände. Das Ganze nannte man die Bodenreform.

Fünfzig Jahre später, in den 1990er Jahren, wurde die Urne der damaligen jungen Baronin, nunmehr 90 Jahre alt, hierher überführt. Es war ihr letzter Wunsch, in der Familiengrabstätte der Vorfahren beigesetzt zu werden, direkt neben der Kirche. Waren es doch die Vorfahren, die den Grundstein unserer schönen Kirche gelegt hatten.

Kummer und Leid hatte der grausame Krieg über das Land gebracht, Ängste und Sorgen in allen Familien, verzweifeltes Warten in allen Häusern auf heimkehrende Soldaten, auf Väter und Söhne,. Ja, es kamen viele zurück. Aber Nachrichten wie *vermisst* oder, schlimmer noch, *fürs Vaterland gefallen* waren keine Seltenheit.

Doch eines Tages, als wäre ein Wunder geschehen, kam der Papa zurück. In seinem langen Soldatenmantel kam er ganz langsam den Hof herunter gelaufen. Wir standen alle vor der Haustür, denn der Moppi, unser Hofhund, bellte aus voller Kehle, als wollte er die freudige Überraschung ankündigen. Und ich spüre noch heute die Freude, das Glück und die Aufregung, und ich sehe die Mama, die vor Glück weinte, und ich sehe unsere Gelsenkirchener Carola, wie sie den Papa an sich drückte, während ihr bittere Tränen übers Gesicht kullerten.

Über Nacht kann's anders werden

Daheim hatte sich vieles geändert. *Über Nacht kann's anders werden;* wie Recht hatte doch unser Fritz! Schon wieder musste er raus aus seiner kleinen Schlafkammer. Der einzige Schornstein im Haus stand ausgerechnet neben seinem Bett. Denn ein warmes Kämmerlein – und sei es noch so klein – das brauchten sie schon, die aus dem Amt vertriebenen Lehrersleute, die mit Sack und Pack zurück ins Elternhaus gekommen waren. Neulehrer hatten die alten Schulmeister in den Schulen ersetzt, den Onkel und Tante Ella hatte dasselbe Schicksal ereilt.

Die Else hatte inzwischen die kleine Kammer geräumt und war abgereist, wieder zurück in die zerstörte Heimat. Auch unsere Carola stand schon auf dem Sprung zurück ins Ruhrgebiet. Auf einmal war es so, als wäre eine große Familie auseinandergerissen worden. Es war gar nicht mehr schön. Es war so still geworden. Die drei Buben sprangen nicht mehr über den großen Hof – wie haben sie mir alle gefehlt: Die lebenslustige Carola mit ihrem rheinländischem Humor und ihrer liebevollen Art, die stramme Else – sie kamen nie wieder die breite Holztreppe herunter. Nicht einmal die kleine Dagmar hatten sie dagelassen. Dabei hätte ich mir's so gewünscht. (Die kleine Dagmar habe ich nie wiedergesehen. Voriges Jahr erhielt ich überraschend einen Brief von ihr. Sie hatte eines meiner Bücher geschenkt bekommen und erkundigte sich, ob ich das bin. Ich habe geweint vor Freude. Sie will kommen und sehen, wo sie geboren wurde.)

Aber von nun an sorgte der Lehrersohn, mein gleichaltriger Cousin Reiner, für Abwechslung. Ständig führte er etwas Neues im Schilde. Als erstes sollte meine Puppenstube modernisiert werden, mit feinen neuen Möbeln.

Meine Mama mit mir und meiner Cousine, der Schulmeisterstochter

Mit den Gänsen im Garten

Meine Freundin Gerlinde, ihre Schwester Karla und ich

Mein Cousin Reiner mit mir beim Gänsehüten auf der Dorfwiese vor unserem Haus

Seine Ideen gefielen mir und schon ging er mit einem scharfen Taschenmesser zu Werke. Im Holzschuppen, dort wo das gehackte Brennholz liegt, ging es los. Da wurde geschnitzt, gehämmert und geklebt – Puppenmöbel für die Puppenstube. Ich wühlte in Stoffresten, rührte Wasser und Mehl zu Leim, dem so genannten Mehlkleister. Der ersetzte den Leim, denn den gab es in der kargen Nachkriegszeit nicht. Farbenfrohe, kanapeeähnliche Gebilde waren entstanden. Man sah wenigstens, was es sein oder doch mal werden sollte. Wir waren sehr glücklich über unsere Kunstwerke, zumal es ja nichts zu kaufen gab. Es gab eigentlich gar nichts so kurz nach dem Krieg. Und weil sogar die Süßigkeiten gestrichen waren, entdeckten wir die selbst gekochten Karamellbonbons als unsere neue, große Spezialität.

In Großmutters gusseisernem Tiegel brutzelten Butter und Zucker in der untersten Etage des dreistöckigen eisernen Ofens, drinnen in der Stube. Auf der hölzernen Ofenbank hockend, rührten wir das Gemisch bis zur Braunfärbung. Kochend heiß auf einen Holzdeckel geschüttet, wurde das Ganze nach dem Erkalten mit dem Hammer zertrümmert und anschließend redlich geteilt. Weil der Zucker knapp war und die Butter auch, geschah unsere Zuckerbrutzelei manchmal sogar heimlich. Ich spendierte die Butter und der Reiner mopste vom Bienenzucker – damals noch im Schulgebäude. Manchmal fand die „Produktion" nämlich hier statt, in Tante Ellas feiner Küche, und das sah sie nicht so gern.

Ab und zu mussten wir die kleinen Gänse hüten, manchmal direkt vorm Haus auf der großen Wiese. Aus allen Häusern schwärmte früh das Federvieh aus und war auf der Straße zu den Dorfteichen unterwegs. Vornweg der Gänserich (Ganter), als Familienoberhaupt führte er seine Herde an. Zischend und mit langem Hals tat er sehr gefährlich und rannte jedem hinterher, der ihm in die Quere kam. Vor allem wir Kinder wollten nichts mit ihm zu tun haben. Wir ergriffen die Flucht.

In den 1960er Jahren, als dann langsam die Autos und Traktoren die Straßen beherrschten, musste das Federvieh daheim bleiben.

Im Herbst war Schluss, da begann das große Gänseschlachten und im Winter das Federnschleißen. Die feinen Federn mussten von den Kielen getrennt werden. Das geschah in der Stube am großen Ausziehtisch. Ringsum saßen Nachbarn und gute Freunde und vor ihnen Berge von Federn. Die Kiele landeten gleich unterm Tisch. Zum Schluss wurden sie zusammengekehrt und – wie üblich – ein Steig damit gestreut. Schließlich gab es immer heimliche Liebschaften auf den Dörfern. Man streute von einem Partner zum anderen heimlich in der Nacht einen Steig und nun wussten auch die, die es bisher noch nicht erfahren hatten, Bescheid. Damals gab es eben noch Geheimnisse und man brauchte die Unterhaltung, da ja sonst auf den Dörfern nichts passierte. Das Federnschleißen war in der Vor-Fernseh-Zeit eine willkommene Abwechslung mit Kaffee und Kuchen. Mamas Spezialitäten waren Bismarckeiche und Windbeutel zu später Stunde und ihre berühmten Spritzringe.

Schulmeisters bauen

Eine vorübergehende Bleibe ist kein Zuhause. Schulmeisters kam die rettende Idee: Wir bauen uns ein Häuschen. „Warum eigentlich nicht“, pflichtete der Papa verständnisvoll bei. „Wir bauen gleich mit. Wir bleiben auf dem Land.“ Die Städte in Schutt und Asche, überall nur Hungersnot – und Großvaters Wiese am Dorfeingang bot sich regelrecht an, da war Platz für uns alle.

Unser Fritz musste sich nun als Hofbetreiber wohl oder übel eine passende Frau suchen für die Landwirtschaft. Doch nach seiner missglückten Ehe kehrte der Fritz wieder heim in unser Bauernhaus, meine Eltern aber blieben und bewirtschafteten den Hof – der Traum vom eigenen kleinen Haus erfüllte sich ihnen nicht.

Geld gab es zwar keines, Bagger auch nicht, aber Zeit hatte der entlassene Schulmeister und fleißige Hände. Mit Hacke und Schaufel, im Schweiße seines Angesichts grub sich der Schulmeister oben auf der grünen Wiese immer tiefer in die Erde, bis er den Keller eigenhändig ausgeschachtet hatte. Hinzu kamen allerlei günstige Umstände. Gute Beziehungen, vermischt mit Glück und Nachkriegsschacherei, halfen dem kleinen Bauwerk schnell auf die Beine. Ohne Schachern ging's damals nun mal nicht.

An der Hauswand stand ein sinniger Spruch: *Das Glück hat mir ein Haus gebaut, manch Neider mir durchs Fenster schaut. Gott gebe allen, die mich kennen, zehnmal mehr als sie mir gönnen.*

Aber des Lehrers Pläne waren noch lange nicht erschöpft. Wohin mit dem stechwütigen Bienengeschwader? Schon nach einem Jahr schwärmten sie aus ihrem farbenfrohen Bretterhäuschen. Der stramme Max, dick und fett gefüttert, grunzte aus der Luke seines frisch gemauerten Schweinestalls. Auch die Ziegen Gretel und Lenchen brauchten ein Dach überm Kopf. Seine beiden „Damen" hörten aufs Wort und fraßen aus der Hand. Schließlich waren sie keine dummen Ziegen. Die Schulmeisterfamilie labte sich an frischer, unverfälschter Ziegenmilch. Und die Hühnerschar erschien geschlossen und persönlich vor der Haustür, wenn es aus dem Fenster nach frischem Kuchen roch. So waren Schulmeisters zu krisenunabhängigen Selbstversorgern geworden.

Neue Zeiten

In jener Zeit, kurz nach dem Krieg, trafen die Flüchtlingstransporte in den Dörfern ein. Von Haus und Hof vertrieben, bekamen sie eine neue Heimat zugewiesen. Doch sie wollten keine neue Heimat, sie wollten wieder zurück nach Hause. Nun hieß es überall in den Häusern *zusammenrücken*. Das war manches Mal gar hart, wenn der Bürgermeister eine vier- oder fünfköpfige Familie in die Stube setzte. *So, nun seht zu, wie ihr damit fertig werdet.* Da ging es drunter und drüber, diente der Raum doch auch als Schlafkammer, Küche und Bad. Zu uns kamen die Maiers und fanden in Großmutters Schatzkammern ihre Wohnung. Vom nächsten Flüchtlingstransport brachte der Papa zwei junge Mädels mit, denn Arbeit hatten wir genug im Haus.

Noch gab es viel Handarbeit in der Landwirtschaft. Allerdings brachte der Selbstbinder auf den Getreidefeldern schon eine beträchtliche Erleichterung. Das abgeschnittene Getreide wurde gleichzeitig zu handlichen Garben gebunden und man musste nicht mehr das kratzige, schwere Getreide mit den Armen zusammenraffen. Das Puppenaufstellen war nur noch eine Spielerei. Wenn wir fertig waren, gönnten wir uns noch einen Blick auf unser Werk und freuten uns darüber, wie gerade und ordentlich die goldgelben Getreidepuppen standen. Nun brauchten wir nur noch den warmen Sommerwind und die heiße Sonne zum Trocknen, dann konnten wir beizeiten einfahren, hinein in die große Scheune. Zu hohen Stößen, sachgemäß bis unters Dach gebaut, wurde Garbe für Garbe wieder abgetragen und in die große Dreschmaschine eingelegt.

Großvater will die Pferde anspannen

Das Dreschen dauerte meist zwei Tage. Aber schon Tage vorher musste die Dreschsau geschlachtet werden, dazu noch eine Ziege. Auch der Duft der vielen frischen Backofenkuchen zog tagelang durchs ganze Haus.

Die lange Dreschtafel wurde jedes Mal wieder von der Scheune ans Haus bugsiert, abgeschrubbt und mitten in der Stube aufgestellt. Großmutters sorgsam gehütete lindgrüne Goldrandtassen mussten zu jedem Dreschen herhalten und strahlten im vollen Glanze auf der braun gestrichenen Tischplatte. Und Mamas feines, hauchdünnes Kaffeegeschirr, zart und zerbrechlich –wie ängstlich stand's daneben. Aber es wurde für die vielen Dreschleute auch viel Geschirr gebraucht und über eventuelle Scherben dachte niemand nach; es gab Wichtigeres.

Gedroschen wurde mit Dampf, und man sah's den Dreschleuten auch an: Eingerußt von Rauch und Qualm, waren die Maschinenleute kaum von der großen, schwarzen Dampfmaschine zu unterscheiden. Der alte Dampfkessel, ununterbrochen geschürt mit Holz und Kohle, musste die schwere Dreschmaschine antreiben. Die wurde von vier extra starken Pferden über den ganzen Hof bis an die Scheune transportiert. Wie der Einleger die ihm zugeworfenen Garben sachgemäß in die Dreschmaschine einlegte, so kamen die fertig gepressten Strohschiede über die Presse wieder zurück in die Scheune, und die Weizenkörner füllten schwere Jutesäcke.

Die Sackabträger waren nicht zu beneiden. Für diese schwere Arbeit wurden junge, kräftige Männer ausgesucht, um die vollen Jutesäcke auf ihren Schultern über den Hof und zwei Treppen hinauf bis unters Dach auf den Oberboden zu tragen. Berge von Roggen, Weizen, Hafer und Gerste waren der Lohn der harten Arbeit übers ganze Jahr.

Die vielen Dreschleute hatten sich bei Tisch immer viel zu erzählen, und dabei wurde laut gelacht. Und wer wollte, bekam noch einen Schnaps eingeschenkt, während die Sackabträger einen von der besseren Sorte auf dem obersten Treppensims vorfanden.

Für uns alle war die Kartoffelernte die schlimmste Zeit. Das über Wochen anhaltende Bücken und Buckeln wollte auszuhalten sein – jeden Tag von früh bis spät. Schlug die Kirchturmuhr dreimal, war Kaffeezeit, und der Kaffeeträger wurde sehnlichst erwartet. Mit frisch gebackenem Kuchen im Henkelkorb und frisch gebrühtem Malzkaffee im Alukrug war die Welt wieder in Ordnung. Das war jedes Mal ein Höhepunkt draußen auf dem Feld. Brannte die Sonne zu heiß, fand man ein schattiges Plätzchen unter wildwachsenden Büschen am Waldesrand, oder man nutzte den Schatten von Pferd und Wagen zum gemeinsamen Kaffeeplausch. Und der saftige Pflaumenkuchen unter freiem Himmel schmeckte zur Kartoffelernte besonders gut. Waren die letzten Kartoffelsäcke aufgeladen, gab es traditionsgemäß noch das Kartoffelfeuer.

Die zwei jungen Mädel, die inzwischen bei uns eingezogen waren, hatten sich recht gut eingewöhnt. Sie waren fleißig, arbeiteten miteinander, teilten sich eine Schlafkammer und vertrugen sich gut. Bis auf ein Mal. Da ging's plötzlich laut zu mitten in der Nacht. Beide hatten sich gepackt und mit ihrem lauten Geschrei ihren schnarchenden Zimmernachbar, den Onkel Fritz, erschreckt. Der schlief zwar wie ein Waldesel, aber ein solcher Mitternachtslärm warf ihn regelrecht aus den Federn. Mit „Verdammter Spektakel!“ riss er die Kammertür auf, zerrte die kämpfenden Weiber auseinander, steckte jede in ihr Bett – und Ruhe war. Bis zum Morgen waren sich die Kampfhähne wieder einig, lachten und amüsierten sich über den nächtlichen Schiedsrichter in seinen putzigen, langen Unterhosen.

Sparsamkeit ist eine Zier …

„Geld verdienen kann jeder Narr, aber es zusammenhalten, das ist die Kunst.“ Nach dieser Devise handelte und lebte mein Onkel. Unnötige Dinge kaufte er nicht, der Schulmeister, aber für Beständiges und Wertvolles gab er gern sein Geld aus. Ich erinnere mich, dass mein Cousin mit gutem Spielzeug seine Kindheit verbrachte. Es gab große, teure Stabilbaukästen, die wirklich ewig hielten. Mit den gelben, roten und hellblauen Ankerbausteinen der heute noch bekannten Steinbaukästen haben wir wunderschöne Schlösser und Burgen gebaut. Und seine einzigartigen Bilderbücher hatten es mir angetan. Nirgends hatte ich vergleichbare gesehen – ich besaß auch nur Allerweltsbücher wie die meisten Kinder. Manchmal saß mein Onkel mit seinem dicken Wilhelm-Busch-Album in seinem breiten Ledersessel und schmunzelte vor sich hin – dann las er uns die lustigen Geschichten vor und amüsierte sich dabei köstlich.

Aber manchmal kannte des Schulmeisters übertriebene Sparsamkeit keine Grenzen. Ich denke dabei nur an die Gurkengeschichte …

Meine Cousine Marianne, Reiners zehn Jahre ältere Schwester, lebte als Lehrerin in der Stadt. An dem Wochenende kam sie heim und brachte freudestrahlend, durch gute Beziehungen ergattert, eine *Bück-Dich-Ware* mit: Das waren drei Schälgurken, die sonst auf dem Ladentisch nichts zu suchen hatten. Schließlich hatten wir den Sozialismus.

Alle freuten sich über ein solches Glück, doch nur so lange, bis die flatterige Marianne unüberlegt den Preis ausplauderte. Das war der Anfang vom Ende. „Seid ihr ganz und gar verrückt?! Eine Gurke für drei Mark! Die Gurken bleiben nicht im Haus! Ich will sie nicht mehr sehen! Wo sind die Gurken? Zum Teufel mit den Drecksdingern!“ Na, das fehlte noch, was hatte er da nur für eine leichtsinnige Tochter herangezogen? Drei Mark für eine Gurke, wo blieb denn da der Verstand? Das war nicht zu fassen… Ein heftiger Streit entbrannte, dass man dachte, hier überlebt keiner.

Ich versuchte, mich unauffällig zu verkrümeln, als mir der Onkel das unerwünschte Gemüse blitzschnell in die Hand drückte: „Sieh zu, dass du unterwegs die Drecksdinger losbringst für diesen Wucherpreis!"

Mich gingen die Gurken ja am allerwenigsten an, ich fand seine Reaktion etwas übertrieben, doch irgendwie auch lustig. Aber ich trug sie mit Fassung, die Salatgurken in der Hand. Da riss am Wege die Tante Gerda schon das Küchenfenster auf: „Oh, wo gibt's denn Gurken?" Man sah förmlich, wie ihr schon das Wasser im Mund zusammenlief.

Essen und noch mal essen und am liebsten vom Feinsten, das war Tante Gerdas ganzes Leben. *Für ein gutes Essen ist nichts zu teuer*, diesen Satz hörte ich oft von ihr. Somit war das Problem gelöst, die so garstig beschimpften Gurken hatten ihre neue, dankbare Besitzerin gefunden.

Und der Lehrer staunte. Er hielt es nicht für möglich, was es doch für genäschige Leute gibt, die das Geld zum Fenster hinauswerfen für Dinge, die gar nicht nötig sind.

Familienzuwachs – endlich!

Es war wie ein Sommernachtstraum, und es wurde eine lange, aufregende Nacht, als plötzlich vorm Tor ein Auto hielt – ein Auto sah man damals nur ganz selten – und unser Hausarzt mit der Hebamme ins Haus eilte. Endlich war es soweit! Ein Erbe für den Hof und ein Geschwisterchen für mich wollte auf die Welt. Lange genug hatte ich darauf gewartet und lange ahnte ich nichts von meinem Glück, bis mir die Mama eines Tages ihr Geheimnis anvertraute. Deswegen also stand so oft der *Pfannendeckel auf*, wenn ich plötzlich in ein geheimnisvolles Gespräch der Erwachsenen platzte. Der Pfannendeckel war in diesem Fall ich, und heikle Gespräche waren nichts für Kinderohren. Ich war ja erst dreizehn. Hieß es: *„Der Pfannendeckel steht auf"*, wechselten alle sofort das Thema.

Vor Aufregung und Freude fand ich keinen Schlaf. Gegen Morgen schlich ich leise in Mamas Schlafkammer und stand wie versteinert vor dem großen, rechteckigen Wäschekorb. Ich konnte es kaum fassen: Dieses süße Baby sollte uns gehören!? Endlich einmal uns! Alles war wie ein Wunder. Ein neues Menschenleben war über Nacht in die Familie gekommen. Das war ein Geschenk Gottes, das schönste in meinem Leben. Ich war sehr

Mein kleiner Bruder und ich 1951. Er ist heute Lehrer in Berlin.

glücklich. Aber meine Mama, bleich und stumm, sagte kein Wort. „Die Mama ist sehr geschwächt", flüsterte die Tante Ella mir leise zu. Sie war die ganze Nacht bei ihr gewesen. „Wir haben einen Jungen. Der Papa ist außer sich vor Freude. Er ist ins Dorf, alle sollen es gleich wissen", erklärte sie erregt und ich merkte, wie sehr sie sich mit uns freute.

Endlich konnte nun auch ich den Kinderwagen ausfahren und dabei angeben, dass ich jetzt einen kleinen Bruder hatte. Ich war stolz, wenn jemand in den Kinderwagen guckte.

Kam man mit dem Kinderwagen in ein Haus, wurde ein frisches Hühnerei in den Wagen gelegt mit dem Spruch: *Du sollst schnattern, wie die Hühner gackern.* Ein guter Wunsch, damit das Kind bald sprechen lernt.

Alle Tage schnitt die Mama mit dem großen Schlachtmesser dicke Scheiben von ihrem selbst gebackenen Bauernbrot ab. Im Gewölbe stand der zweihenkelige irdene Fetttopf. „Das ist für die Hamsterer", erklärte sie mir stets, bevor sie sich für die Feldarbeit fertig machte. Sie vergaß nichts und niemanden, dachte an alle. Ich brauchte nicht mit aufs Feld, ich konnte den Kinderwagen ausfahren, wenn die Schule aus war. Im Grudeofen stand lauwarmer Malzkaffee und mit trockenem Hirschhornkuchen rührte ich einen Brei für den kleinen Schreihals an, wenn er hungrig war und weinte.

An der Tür klopften die Hamsterer, die hatten auch Hunger. Mit ihren kleinen Leinensäckchen und abgeschabten alten Handtaschen klapperten sie immer wieder die Dörfer ab. *Die Hamsterer sind unterwegs*, hieß es, wenn sie oben zum Dorf hereingepilgert kamen – und schwuppdiwupp war manches Tor schnell verschlossen. Das war Ende der 1940er Jahre, in der schlimmen Zeit des Hungers und der Armut. Brot und Kartoffeln haben die Hamsterer, die im Grunde gar keine gewesen sind, erbettelt, im Säckchen gesammelt und heimgetragen für ihre Kinder, die schon auf das Brot warteten, das der Vater oder die Mutter bringt. Nicht selten sind sie noch garstig beschimpft worden, weil's auch den Bauern manches Mal zu viele waren, die da anklopften und bettelten um ein Stück Brot. An einen Mann mit Krücken kann ich mich noch gut erinnern. Er hüpfte von Haus zu Haus mit seinem Spruch: „Geh und sag deiner Mama, ein besserer Herr steht draußen und bittet um ein Stück Brot." Er hatte nur noch ein Bein.

Geschichten vom Fritz

Das ist höhere Gewalt, sprach unser Pummel, der Fritz, wenn ihm Böses widerfahren war. Und das passierte nicht selten. Unfälle aller Art gehörten zu seinem Leben. Wer kann schon dafür, wenn der übermütige Gaul über die Brücke galoppiert und dabei unseren Fritze samt Heuwender in den Dorfbach schleudert? Getan hatte es ihm wieder mal nichts. Aber gebrüllt hat er wie ein Löwe, als bloß der Kopf noch rausguckte zwischen Pferdefuß und Wendergabel – und das Bächlein rauschte dahin. Der Gastwirt kam zur Hilfe und die Neugierigen hatten ihren Spaß. Das war noch niemandem passiert. Aber, *bei Gott ist kein Ding unmöglich,* war unser Fritz um einen gescheiten Spruch nie verlegen. Und es wunderte ihn selbst, dass er jedes Mal wieder mit dem Schrecken davon kam.

Der Dorfbach rauschte weiter – aber nicht mehr lange. Die Brücke samt Dorfbach wurden Opfer der neuen Zeit. Für die Kinder im Dorf war es ein Verlust. Sahen sie doch in dem fließenden Wasser einen kleinen Fluß, der ihre Schiffe vorantrieb. Auch wenn es nur Blechdosen oder gefaltete Papierschiffchen waren, mit denen man viel Spaß haben konnte…

So nebenbei war Fritze noch für das Läuten der Kirchenglocken verantwortlich. Dabei galt es, all seine spärlichen Kräfte zu mobilisieren, denn leicht war's nicht an den langen, derben Seilen zu ziehen, bis die Glocken in Schwung kamen. Die Fensterluken weit geöffnet, hoch oben im Turm, war's auch im letzten Winkel der Natur kaum zu überhören, das Glockengeläut

Silberne Hochzeit meiner Eltern

Eine Brautjungfernreihe mit Braut:
Die vorletzte Brautjungfer bin ich.

Wir Dorfkinder

um die Mittagszeit. Es war die erfreuliche Kunde für alle draußen auf dem Feld: Es ist Mittagszeit, daheim steht das Mittagessen auf dem Tisch. Und es ging rein ins Dorf, denn „s' Mittichleiten" zog auch die Pferde in Stall und Raufe. Deswegen liefen die Gäule heimwärts immer einen Schritt schneller, das wussten die genau.

Zuverlässig läutete der Fritz auch alle Abende den wohlverdienten Feierabend ein und rief an Sonn- und Feiertagen die Gläubigen zur Andacht.

Eines Tages gab's eine ganz große Neuigkeit. Fritz ging wieder auf Freiersfüßen. Er hatte Hildegunde kennen gelernt. Alles ging sehr geheimnisvoll zu und unser Pummel hat's genossen, wie uns alle die Neugier plagte. In der Nähe von Leipzig soll er sie aufgegabelt haben, das späte Mädchen. Gemeinsam mit ihren Eltern bewirtschaftete sie einen kleinen Bauernhof, und Fritz war wieder nahe dran, der heimatlichen Scholle den Rücken zu kehren und in den Hof der Angebeteten einzuziehen. Für sie riskierte er den Teufel, zumindest aber eine Reise nach Westberlin. So hatten sie sich's ausgemacht. Kakao sollte eingekauft werden, den gab es nur ganz selten in der DDR. Und die Mauer gab es auch noch nicht. Kakao also war das Zauberwort, den trank unser Fritz für sein Leben gern.

Das interessierte aber nicht die pflichtbewussten Zollbeamten drinnen im Interzonenzug, sonst hätten sie ihm den guten Waldbaur-Kakao gegönnt und ihn nicht so erbarmungslos unter seinem Hinterteil vorgezerrt, er saß nämlich drauf.

Und daneben im Abteil saß die Hildegunde mit zittrigen Knien, den Kakao im Unterrock versteckt. Der Fritz strahlte wieder glücklich, er freute sich auf den Kakao im Unterrock, denn wagen würde es wohl keiner, der keuschen Hildegunde an die Wäsche zu gehen. Aber man sollte den Tag nicht vor dem Abend loben. Die zerstreute Hildegunde sprang aus dem Zug, rannte über den Bahnhof – und der Kakao war weg. Den hatte sie vor Angst und Aufregung nun auch noch verloren, den Kakao aus dem Unterrock. Das war zuviel für unseren Fritz. Eine Frau, die nicht mal auf seinen Kakao aufpassen kann, die konnte er nicht gebrauchen. Und er machte sofort Schluss mit dem Getändel.

Ich hätte mich an seiner Stelle auch geärgert, denn Kakao zählte zur absoluten Mangelware. Dabei war er zum Backen fast unentbehrlich. Auch ich versuchte mich mit Kakao einzudecken, als ich an den Weltfestspielen in Berlin teilnahm. Das war eine günstige Gelegenheit, mal kurz in Westberlin, in Gesundbrunnen, vorbeizuschauen. Gern gesehen wurde das nicht, aber für meinen lang ersehnten Wunsch, eine Armbanduhr und den Kakao, lohnte sich der Fehltritt. Allerdings für eine Westmark vier Ostmark – das war der Kurs – das war hart.

Mein Westausflug

Anfang der 1950er Jahre war die Zeit, als viele junge Leute in den Westen flohen. Man hatte gehört, drüben verdiene man gutes Geld und dafür gäbe es auch etwas zu kaufen. Das sollte ich auch mal probieren, dachte ich. Ich werde meinen Cousin Reiner besuchen im Schwarzwald, der zu den ersten Ausreißern gehörte. Und wenn mir der Westen gefällt, komme ich gar nicht erst wieder – so hatte ich's aber nur der Mama anvertraut.

Der Tante Ella kam meine Reise gerade recht, brachte ich doch ihren selbst gebackenen Weihnachtsstollen zum Goldsohn. Sehr glücklich war ich nicht darüber, dieses Ungetüm noch zusätzlich mitschleppen zu müssen. Zerbrechen durfte er auf keinen Fall, denn das brachte Unglück.

Es war im Januar, kalt und finster, auf dem Rodelschlitten mein kleiner Bruder, mein Koffer und Tantes in derbes, braunes Packpapier verschnürter Stollen – so ging's zwei Kilometer durch den Schnee zum Bahnhof. Wir warteten auf den letzten Zug. Schon in wenigen Minuten war es soweit, und ich musste die Mutter und das Brüderchen zurücklassen. Das war schlimm für uns alle. Wie lange würde es dauern, bis wir uns mal wiedersehen würden? Ob wir uns überhaupt noch einmal sahen? Das wusste niemand, denn ein Zurück gab es nicht mehr, hatte man sich erst mal für den kapitalistischen

Westen entschieden. Man musste wissen, was man wollte, wenn man nicht unbedingt ins Gefängnis kommen wollte.

Ich weinte, der Zug rollte davon. Die Mama winkte traurig, unseren kleinen Liebling an der Hand. Es war ein schwerer Abschied.

Aber es blieb nur bei einem Kurzbesuch im Schwarzwald. Nach Nürnberg zog es mich plötzlich, in die Nähe der Heimat. Kurz entschlossen stieg ich aus dem Interzonenzug und überflog als erstes die Stellenangebote in der Zeitung. Modehaus Rupp sucht eine Hausangestellte. Wie günstig für den Winter, überlegte ich nicht lange und machte mich auf den Weg. Natürlich kam ich nicht vorwärts, denn, geblendet wie von einer glitzernden Märchenwelt, hielten mich alle Schaufenster in Bann. Einen von den traumhaften Kleiderstoffen werde ich mir ganz bestimmt kaufen, freute ich mich schon auf mein bald verdientes Westgeld. Meine erste Enttäuschung: Rupps hatten schon jemanden zum Putzen.

Ich startete einen zweiten Versuch im Nürnberger Villenviertel. Ein komfortables Haus mit feinen Leuten im roten und blauen Salon. Einen Wintergarten gab es auch, aber keinen Familienanschluss und das traf mich hart. In einem Zimmer, abseits von der Familie leben, das wollte ich nicht, das war ich nicht gewöhnt.

Die Hausfrau gab sich große Mühe und redete mir gut zu, die schmale, blonde Mitdreißigerin. Sie hätte mich gern in ihr feines Haus genommen, zumal die einzige Tochter in England lebte. So kam mit der gesprächigen, gebürtigen Rheinländerin eine rege Unterhaltung zustande. Sie führte mich durchs ganze Haus und plauderte in ihrem humorvollen Temperament drauf los: „Vor den dummen Dingern, die überall hier rumstehen, müssen Sie sich nicht fürchten." Alles sollte sich großartig darstellen, wirkte aber sehr fremdartig auf ein Landei wie mich.

Viel Zeit zum Nachdenken hatte ich nicht mehr. Schließlich war meine vom Pass- und Meldewesen in Schleiz hart erkämpfte und ungern bewilligte Besuchserlaubnis abgelaufen. Mein Koffer noch auf der Bahnhofsmission, meine Gedanken hin und her gerissen, musste ich mich entscheiden – und zwar sofort! Morgen wäre es schon zu spät und ich bekäme Ärger mit der Polizei. Es fiel mir schwer. Ob richtig oder falsch, ich war mir nicht sicher. Aber ich fürchtete die Einsamkeit in einer kühlen, fremden Welt. Wärme und Geborgenheit waren mir wichtiger, und ich entschied mich für die Familie daheim. Ich suchte meine letzten Westgroschen zusammen und

Urahne, Großmutter, Mutter und Kind – meine Mutter, ich und meine Tochter Kerstin mit Sohn René

freute mich, etwas mitbringen zu können aus dem goldenen Westen. Für den Papa Zupan-Zigaretten, Karina-Schokolade für das Brüderchen, Kaffee und Kakao für meine Mama und den Pummel. Und mit dem nächsten Interzonenzug verließ ich das Wunderland.

Vom Bahnhof über die Wiesen durch den Hohlweg kam ich hinten durch den Garten. Der Fleischer machte gerade das Hoftor hinter sich zu. Er hatte eine Sau geschlachtet und die Mama war sehr beschäftigt in der Küche. Sie war schon sehr überrascht, als sie mich plötzlich in der Tür entdeckte. „Ach, es ist schön, dass du wieder da bist", atmete sie erleichtert auf. Sie freute sich und war glücklich, mich wieder daheim zu wissen – und ihr Gesicht strahlte.

DIE ERFOLGREICHE THÜRINGER KÜCHENBIBLIOTHEK

Plauderei

ISBN 978-3-89798-344-1

Gesamtverzeichnis aller Rezepte aus den im BuchVerlag für die Frau erschienenen Titeln von Gudrun Dietze, übersichtlich nach Sachgruppen geordnet. Zum schnelleren Finden ist jedes Rezept mit einer Kurzbezeichnung des Titels versehen, in dem es erschienen ist. Die Seitenzahlen beziehen sich jeweils auf die letzte erschienene Ausgabe.

Festtagskuchen

ISBN 978-3-932720-31-4

Schnelle Küche

ISBN 978-3-932720-30-7

Gebäck

ISBN 978-3-932720-55-0

Kochen

ISBN 978-3-932720-56-7

Allerlei

ISBN 978-3-89798-011-2

Landküche

ISBN 978-3-89798-055-6

Landrezepte

ISBN 978-3-89798-102-7

Torten

ISBN 978-3-89798-167-6

Meine Küche

ISBN 978-3-89798-231-4

Genießen

ISBN 978-3-89798-300-7

Vorspeisen, kleine Gerichte, Salate

Suppen, Eintöpfe, Aufläufe

Fisch

Fleisch

Geflügel, Wild

Eierspeisen

Beilagen, Gemüse

Nudeln, Reis

Soßen

Süßspeisen, Dessert

Kuchen, Gebäck

Torten

Marmeladen, Gelees

Getränke